U0674889

Keynesian
Revolutionary
Past
and Present

李井奎 著

凯恩斯革命的
前世今生（第二版）

约翰·梅纳德·凯恩斯及其
《就业、利息和货币通论》

东北财经大学出版社 大连
Dongbei University of Finance & Economics Press

图书在版编目（CIP）数据

凯恩斯革命的前世今生：约翰·梅纳德·凯恩斯及其
《就业、利息和货币通论》/ 李井奎著 . —2 版 . —大连：
东北财经大学出版社，2018.12

ISBN 978 - 7 - 5654 - 3370 - 2

Ⅰ. 凯… Ⅱ. 李… Ⅲ. 凯恩斯主义 - 研究 Ⅳ. F091.348

中国版本图书馆 CIP 数据核字（2018）第 277270 号

东北财经大学出版社出版

（大连市黑石礁尖山街 217 号 邮政编码 116025）

网 址：http://www.dufep.cn

读者信箱：dufep@dufe.edu.cn

大连市东晟印刷有限公司印刷 东北财经大学出版社发行

幅面尺寸：170mm×240mm 字数：155 千字 印张：12.5

2018 年 12 月第 2 版 2018 年 12 月第 2 次印刷

责任编辑：蔡 丽 责任校对：蓝 海

封面设计：冀贵收 版式设计：钟福建

定价：38.00 元

教学支持 售后服务 联系电话：（0411）84710309

版权所有 侵权必究 举报电话：（0411）84710523

如有印装质量问题，请联系营销部：（0411）84710711

又见狼烟　何以为剑

——为井奎书序

著名经济思想史家　张旭昆　教授

　　警示金融危机的狼烟冉冉升起，刺杀危机妖魔的利剑又在哪里？

　　自从 2008 年下半年爆发 20 世纪大萧条以来全球最严重的金融危机，对危机原因的分析和克服危机的对策就成为热门议题。

　　左翼经济学家痛打自由主义，认为都是金融自由化过度导致的后果；马克思主义者则干脆宣布危机再次证明资本主义的腐朽垂死，证明只有社会主义才能拯救人类；自由主义者针锋相对，强调是美国货币当局按凯恩斯主义制定的错误货币政策惹的祸。众说纷纭，莫衷一是。

　　至于对策，有人反对凯恩斯主义性质的大规模政府开支；有人主张既不消费也不投资，紧紧捂住流动资产渡过难关；有人沮丧地提出（虽然并不主张）只有战争才能摆脱危机。

　　西方谚语说，太阳下面没有新物。国学强调，温故而知新。在应对金融危机时，重温当年大萧条的历史格外必要。

学弟井奎的《凯恩斯革命的前世今生》，是一部回顾那段历史的通俗易懂的佳作。它清晰地描绘了大萧条的可怕境况，用当代人熟谙的语句详尽转述凯恩斯《就业、利息和货币通论》（一部针对大萧条做出解释、提出对策的经典著作）的基本论点，其间穿插凯恩斯生平的生动介绍。

井奎早年热爱史学，熟读国学典籍，中文功底深厚，普通话表达流畅；后钻研当代经济学，苦读经典，治学严谨，对经济思想史颇有心得，故此书写得雅俗共赏，读来引人入胜，有学理但并不枯燥，有趣闻但并不媚俗。井奎此书确是那些亟想知道金融危机原委，但又无时间和精力深究经济学学理的人的首选。

本书主要介绍凯恩斯一家之言，为使读者能够读一书而知百家，了解更多关于经济危机的各种观点，本序下面做一简介，重点介绍基本与凯恩斯同时代的其他三位经济学家的危机理论。

俄国经济学家康德拉季耶夫（1892—1938?）通过研究长期经济史，发现了波幅大致为半个世纪的长周期，后人称之为康氏长波。自1825年西方世界爆发第一次跨国界的经济危机以来，19世纪70年代、20世纪30年代大萧条，20世纪70年代石油危机，以及2008年金融危机，表明此说基本准确。

经济学家熊彼特（1883—1950）提出经济波动的根源在于市场经济中企业家的创新活动。创新带动的模仿引发投资热潮，推动经济繁荣，一旦大规模模仿性投资落潮，经济就转向衰退，等待下一次创新再启动新的繁荣—衰退周期。其间货币金融会引发辅助性的次生波动。重大创新导致重大波动。他的这种解说为康氏长波做出了注解：1825年的危机对应蒸汽机革命，19世纪70年代的危机对应铁路革命，大萧条对应汽车革命，石油危机对应能源革命，当前金融危机对应互联网革命。他的创新波动说使他看到经济波动的正面功能，即通过经济危机淘汰那些既不创新也不模仿的守旧企业，以此推进整个经济的技术进步。有趣的是，对经济波动有如此明见的知名经济学家，在奥地利经营银行却横遭破产，不得已赴美教书还债。看来大经济学家未必一定是大管理家、大企业家。

经济学家哈耶克（1899—1992）继承和发扬了瑞典经济学家维克赛尔的观点，认为经济危机的爆发是因为整个经济中资本品和消费品的供给结构与需求结构失衡。他用一个想象的孤岛来说明这一观点。孤岛上的居民设计出一台巨大的机器，一旦建造完毕将可以高效率地生产岛民所需要的一切消费品。岛民倾全力建造之，但放松了日常消费品生产。未曾料大机器尚未完工，消费品已告罄，于是不得不中止大机器的建造，把资源紧急转向日常消费品的生产。大机器这个半截工程就成为经济危机的表征。市场经济中若家庭部门的消费需求和储蓄之间的比例与整个社会消费品和资本品之间的比例不一致，经济就将通过经济危机来强制使它们一致。而这种不一致往往起源于银行系统放松银根刺激企业过度投资。哈耶克所描绘的这种危机，经历过20世纪60年代"三年困难时期"的诸位深有体会。

综合四位经济学大牌学者的观点，也许就可以对2008年金融危机的成因做出尝试性说明。2008年金融危机的深刻根源，按照熊彼特的观点，可能是互联网繁荣结束之后没有新的重大创新续出。21世纪初美国经济面临萧条局面，美联储力图降息刺激经济，结果拉动了房地产次贷繁荣，强劲的住房投资，加上美国人的高消费，还有小布什政府发动的两场战争引致的政府巨额开支，使得美国经济的总需求逐渐大于了总供给，同时出现哈耶克所说的需求结构与供给结构的失衡，造成了通货膨胀压力（若无中国在21世纪对美大量廉价出口，这个压力还会更大）。为了消解这种压力，美联储开始升息，于是房地产行业首先发生次贷危机。而使房地产一个行业的危机扩散为整个金融系统的危机的原因却是金融自由化过程中大量创造出来的各种金融衍生品。这样做的初衷是为了分散个别企业的风险，但使风险在整个社会中积累起来。金融危机所引起的流动效应，即经济中所有主体增加资产流动性的行为，导致证券市场、大宗商品市场、房地产市场以及一切具有投机性的市场价格大幅下滑。而这种价格下滑产生的财富效应，即众多家庭和企业的财富缩水，使得消费和投资萎缩，出现凯恩斯所说的有效需求不足，最终引发经济危机。而美元的世界货币霸主地位，进一步把美国的金融危机传播到全世界。如果下一步美国出现更加严重的经济危机，将通过进出口贸易和资金流出入两个渠道，引起整个世界的经济危机，恐怕只有一直孤立的国家或者迅速把外需转为内需的国家可以幸免。

个人时常偶有小恙，自会痊愈，无须求医，但是大病一定需要看医生。市场经济有些类似，小波动不必政府出手，自会恢复，自由主义适合这种常态；但是一旦出现大波动，单纯依靠市场自身恐怕难以复苏，起码在一段并不太短的时期内难以康复，此时若政府作壁上观，社会福利将大受伤害。即便所有市场最终会自动恢复瓦尔拉斯均衡，但如果速度不够快，那也比较麻烦。如果告诉一个下岗工人或求职大学生，没有政府干预，十年后劳动力市场自会实现充分就业，等待吧！他（她）将如何反应？

凯恩斯，回来吧！今天的世界仍然需要你！对付严重经济危机这个妖魔，我们仍然需要你锻造的利剑！

何以如此？井奎之书也许会给读者一个满意的答复。

第二版前言

约翰·梅纳德·凯恩斯一直是经济学家中最富有魅力的一位。这位一生浸淫在剑桥大学学术文化氛围中的经济学巨匠，以其深厚的英国文化功底、在当时知识界的广阔交游和丰富的政治阅历，以及对复杂的政治现实和纷纭的经济乱象深刻的洞察力而著称于世。

然而，他也是所有经济学家中被误解最深的一位。即便是当代的新凯恩斯主义的领军人物，如格里高利·曼昆等人，对他在知识方面的真正贡献也往往误解颇深。凯恩斯对经济学的贡献，似乎已被纳入到新古典综合派的知识框架之中，但是即便是这一知识框架的奠基者，如约翰·希克斯也承认，数学上的简洁以及模型上的剪裁，对凯恩斯的思想削足适履之处经常可见。每当我们的时代遭遇到经济上的危机，我们就会重新回到凯恩斯那里，寻求他的启示。真实的凯恩斯虽然只有一个，然而，众人口中和体验上的凯恩斯主义却远远不止一个。

我们对于这位经济学大师的理解，存在这样那样的偏差，既和凯恩斯思想本身的驳杂、易变有关，也与时下政治的需要难脱干系。各国政府对于干预经济有着天然的偏爱，一旦危机来临，政府希望有所作为的意图，似乎总可以通过凯恩斯之手得到背书。众所周知，古典经济学秉承亚当·斯密的自然自由主义传统，主张对经济的干预应当降到最低，希望政府只是充当"守夜人"的角色，承担起公共产品的提供、公共秩序的维护和法律制度的建设责任即可，对于自由的私人经济活动，不要过多地进行干预。然而，1929年的世界经济大危机给人们带来的苦难，使得古典经济学在一段时期内丧失了其原来的重要地位。不错，自由的市场经济或有恢复经济的功效，但是时间要漫长得多。凯恩斯的《就业、利息和货币通论》（以下简称《通论》）正是在这一背景下隆重登场的。

但是，这仍然只是思想史和经济史的表面现象，也只是对凯恩斯思想的一种浅层的解读。亚当·斯密引领的古典经济学传统，对自由市场经济的追求，在真实的历史事实中从未得到根本性的实现，这一点卡尔·波兰尼的《大转型》一书用丰富的史实和雄辩的笔触已经向我们做了最为有力的论证。亚当·斯密对劳动分工和市场范围的扩大在财富的生成与扩大方面所起作用的强调，自大卫·李嘉图之后逐渐遭到遗弃。在19世纪初期的李嘉图看来，经济学已经从对国民财富的性质和成因的讨论转变到了财富在社会各阶层的分配这一重大理论问题上来。让·巴蒂斯特·萨伊、约翰·斯图亚特·穆勒也赞同李嘉图的观点，财富分配成为之后百年经济学讨论的基本主题。即便到19世纪70年代边际分析范式兴起，这一主题也未曾有根本性的改变，后来美国的J. B.克拉克、奥地利的庞巴维克和维塞尔等人逐步完善了三位一体的分配理论，最终到弗兰克·奈特提出了利润的来源不过在于面对不确定性而求取生存的企业家的幸运罢了，古典经济学后续的分配理论传统方才告一段落。然而，理论上的这样一种进展与20世纪初期经济的乱象和金融业的繁荣已经不相匹配。经济危机降临之际，传统的古典经济学束手无策，受到了人们的普遍质疑。

凯恩斯在写作其第一部真正意义上的纯经济著作《货币改革略论》之前，除了在政府部门任职和编辑《经济期刊》之外，主要的学术努力全在于数学方面。他于1920年写作出版的《论概率》，可谓他在数学学术追求方面的一个总结。这是一部试图推进概率论研究的学术专著。在概率论领域，凯恩斯的这一尝试普遍被认为并不成功，凯恩斯的学生——天才的弗兰克·拉姆齐曾撰文对此书做过批驳。在这次批驳之后，凯恩斯基本上就不再从事数学方面的研究工作了。尽管如此，《论概率》中对处理不确定性世界的学术努力，对于凯恩斯的经济学研究影响深远。这几乎是国内凯恩斯研究者们普遍忽略的一个方面。在20世纪20年代，凯恩斯从英国财政部离职，凭借一本畅销书《和约的经济后果》走入人们的视野，但此后他却潜心研究货币理论，耗费六年时光完成了《货币论》上下两卷，对传统的货币理论做了梳理。但是，这部书出版之时正是大萧条的第二年，出版之后几乎没有造成多少影响。而大萧条的现实迫使凯恩斯重新思考古典经济学，带着对人性的洞察，对经济现象的多年深入观察，凯恩斯开始背离古典经济学的一些核心假设，背离市场均衡的分析范式，深思经济现象背后更为深刻的人类心理上的规律，并把这些心理规律作为自己理论的前提假设。1936年1月，凯恩斯的《就业、利息和货币通论》终于出版。

经济学的一个新的时代来临了。

本书首先详细讲述了《通论》一书的历史背景。美国的繁荣背后，还有当时世界其他国家的乖谬之处，整个世界处在一种纷乱的状态，隐含着政治经济新的秩序所带来的诸多不适，可谓危机暗藏。其次对于凯恩斯的生平和思想经历做了一个白描式的呈现。从第4章开始，分步详细分析和解释凯恩斯的思想。之所以如此，乃是在于凯恩斯在写作此书时不但用词与今日不同，而且在当时也是属于新造了不少术语，又兼凯恩斯本人未曾刻意追求表述的清晰，即他所谓"宁肯模糊的错误，也不肯精确的正确"，使得这本书从一开始就比较有难度。同时，《通论》的逻辑框架与之前新古典经济学大相径庭，所以也常引起受古典传统训练的经济学家们的非议和批判，使得今日我们对《通论》的认识残缺不全，面目全非。最后，我们站在今天，回首审视和思考这场所谓的"凯恩斯革命"。

初写此书时我 29 岁，初生牛犊不怕虎，虽然未必每一章节均能切中肯綮，但是对于让我国读者认识这位经济学大师和他这部影响深远的经济学著作，想必还是会有所帮助的。两年前，我对原书稿的内容进行调整，文字加以修缮，并新写第 11 章"重新思考凯恩斯革命"。本书第一版于 2016 年出版之后，受到了一些读者的欢迎，在出版社蔡丽编辑的建议下，本书根据最新的一些研究成果，新增了第 11 章，补入了凯恩斯与哈耶克在 20 世纪 30 年代的争论这部分内容，相信对于理解凯恩斯革命会有一定的帮助。第 11 章对文献做了较多的注解，体例虽然与其他章节保持了一致，但风格上稍有差异，仍然保持了较强的可读性。本书各章基本上是连贯一致的，每一节均不甚长，这主要是考虑到本书的通俗经济读物性质，不希望冗长的大段阐述扫了读者们的兴致。

井奎何幸，承蒙著名经济思想史学者张旭昆教授给本书写作了一篇异常精彩而又通俗的序言，对笔者和这本小书多有溢美之词，井奎心颇不安，深谢张旭昆老师的一片提携之心。浙江大学史晋川教授和复旦大学经济史与经济思想史所所长韦森教授这两位著名经济学家都是我的师长，得他们二位推荐，使得本书增色极多，真心感谢这些老师们对后学的提携激励之情。唯有努力向学，接续绝学，才是对他们培育之恩的真正报答。值得一提的是，本人自 6 年前立志在 10 年之内将凯恩斯生前审定的著作全部重新翻译出版，如今工程已经过半，在深入翻译和研究凯恩斯的过程中，深感有必要对他的思想和时代再加深入研究。本书是"少年"时初试啼声之作，唯愿日后能够将《凯恩斯著作全编》以及研究凯恩斯的真正严肃的学术著作奉献给读者，以报答诸位老师的提携之情！

小子勉乎哉！

作　者

2018 年 10 月

目　录

01 | 黑云压城：《通论》写作的年代

1.1 战后的岁月

> 战争似乎离得很远，
> 好比是别人的大学里举行的足球比赛。
> ——海明威《永别了，武器》

经历了第一次世界大战的恐惧和混乱之后，西欧的许多知识分子对于当时主导世界的西方文明产生了怀疑，纷纷悲叹文明的衰落和即将灭亡。这种迷惘、失望和焦虑的情绪笼罩着西欧国家，人们迫切地渴望回到过去的繁荣和理性之中。到了20世纪20年代，世界经济似乎重新走上了正轨，美国成为这一波世界经济复兴的发动机。

繁荣的景象遍及20世纪20年代的美国各地。这一时期主持美国联邦政府的是3位共和党总统，因而他们的政策带有明显的保守主义色彩。他们自信如果政府尽力地增进私营工商业主的利益，那么繁荣将会缓缓地渗入到社会的各个阶层。

当时的美国政府努力为国内的工商业创造最有利的环境。1922年通过的关税法案使得高额的关税壁垒足以确保美国的制造业垄断国内的市场。与此同时，政府还着手执行一项大规模的减税计划，以防征收高额的所得税会妨碍对新兴工业的投资。总统柯立芝曾经无比认真地说："建起一座工厂的人就是建了一座神殿。政府通过对公共支出实行厉行节约的制度可以比任何其他措施更能消除经济弊病。"美国国会也通过了一系列的法律，同意大幅度削减过高的利润税和公司税。在整个20世纪20年代，美国的私营工商业主受到了很多政府的鼓励和支持，包括建设贷款、允许承办邮政事业以及其他的间接补助。政府不仅将战争期间严格控制的全国铁路交给私人经营，同时把战争期间归政府所有并由其经营的商船队出售给私人。

另外，工作效率的提高也极大地促进了这种繁荣的景象。美国生育率的下降、移入人口的诸多限制以及科学方法在商业上的持续应用，极大地提高了工作效率。在这短短的10年里，虽然美国的人口只增加了12%，但是工业产量几乎增加了1倍。其中科学方法的大量应用起到了根本性的作用。经济学家密契尔这样写道：自从1921年以来，美国人民比以前更能有效地把智慧应用于逐日的工作上面……把科学应用于工业的整个过程比以前更为深入了。人们还做了不断的试验，把科学应用到管理、工会政策和政府的行政事务方面去，使效率更为提高。

私营工商业主从新机器和科学的企业管理方法中尝到了甜头，开始急速地扩张，其中以汽车制造、电气设备制造和房地产业为龙头。通用、福特、克莱斯勒等汽车业巨头蓬勃发展，它们几乎垄断了全美国90%的小汽车和货车市场。汽车业的兴旺发展带动了许多其他的行业，加快了整个经济的运转速度。跟随汽车产业之后的便是电气设备制造业。当时电气设备产品的使用范围很广。许多工厂都开始转向电气化，家庭主妇也十分乐意购买电熨斗、吸尘器等用具。在这10

年里，美国电力的生产增加了1倍以上，而同时电气产业的产值几乎
增长近3倍。经济繁荣表现最为显著的一个方面便是房地产业的异常
活跃。伴随着现代建造技术的运用、房屋租金的高涨、个人财富增加
所刺激的需求，纽约的大楼如雨后春笋般拔地而起，建设速度惊人，
高耸入云的86层摩天大楼也在1931年建成。许多民众都以未来的收
入为抵押，进行分期付款的购买活动。1915—1924年，房屋贷款的
户数从3 103 935户增加到8 554 352户。这同时导致了金融业的异常
繁荣。

在那位沉默寡言、惜字如金、嗜睡的柯立芝总统当政期间，美国
出现了前所未有的繁荣局面，史称"柯立芝繁荣"。"自满"成为当时
的一种社会风气。1928年总统柯立芝向国会议员进行工作汇报时说：
"我们国家可以满意看待现在，乐观展望未来。"然而在这种繁荣的局
面下暗藏着巨大的危机，整个美国正处于摇摇欲坠的局面之中。

1.2　危机暗藏

> 在甜蜜的梦乡里，人人都是平等的，
> 但是当太阳升起，生存的斗争重新开始时，
> 人与人之间又是多么不平等。
>
> ——阿斯图里亚斯《总统先生》

20世纪20年代，美国在巨大的繁荣背后，其经济体系存在严重
的漏洞。某些行业并没有分享到美好的时光，煤矿业由于受到来自石
油业的竞争，进入一个衰退期。棉花和羊毛纺织业也因为新的合成材
料出现，特别是来自人造纤维的竞争而停滞不前。

美国经济中最为薄弱的是农业，农产品价格持续下跌，农民为此
苦恼不已。第一次世界大战期间，由于战场主要在欧洲，所以欧洲的
农业产量大幅下降，美国、加拿大、阿根廷等国的农民趁机扩大了他
们的生产。当第一次世界大战在1919年结束时，欧洲的农民重新开

始了他们的农业生产活动，导致全世界范围内粮食出现过剩，粮食价格大幅度下跌，1921年的玉米价格只是1919年的1/3，棉花、小麦和生猪的价格更是跌了一半。农民的生产成本显著上升。美国农民为了适应竞争，除了需要购买昂贵的机械工具外，还面临着其他国家的高额关税和粮食进口配额的问题。

同时，由于技术的进步，农民更加广泛地使用化肥，农作物亩产量继续增长，随之而来就是农产品价格跌到谷底，土地严重贬值，从1920年的700亿元下降到1927年的581亿元。更多农民面临破产的境地，每1 000个农庄的破产率从1920年的0.21%跃升到1928年的1.2%以上。农民深切感受到他们的收入与其他行业的收入脱节了。尽管国会中农业区的议员集体做了努力，但是政府对改善这一情况并无多大作为。哈丁总统反对将直接援助农业作为原则问题来讨论。"每一位农场主都是大企业家，"他宣称，"除非牺牲掉仍然使农场成为国家真正的公民精英宝库的美好的个人主义，否则要在他们中间取消竞争将是不可能的。"在哈丁总统执政期间，国会强化了调控铁路运费和粮食交易的法律，并使农民贷款更加容易，但是国会没有采取任何直接增加农民收入的行动，对进口的农产品实行高额的关税也丝毫没起作用。

在第一次世界大战后的岁月里，美国工人们不仅受到来自各个方面的压力，而且权利也遭到了很大的损害。20世纪20年代，每年都有大约25 000人死于工伤事故，10万人终生残疾。仅在纽约市就有200万人生活在廉价的公寓里，这些公寓大多缺乏必要的生活、安全措施。同时，400万名退伍军人加入到劳动大军，工作岗位竞争比以往更加激烈。许多公司发觉利润下降，开始削减工人的福利待遇。与此同时，部分资本家甚至搬用了战时的制度，大量增加使用工人密探和间谍，还不时求助于警察。工人们忍无可忍，要求提高工资所举行的罢工此起彼伏，然而一次也没有成功。其主要原因在于工会组织陷入了极度衰弱的境地，工人们往往单独行动，缺乏联合的阵线。

在诸如解决失业问题方面美国政府也几乎没有什么大的进展。就业人数上升得很少，甚至没有上升，跟不上人口增长的步伐。在某些行业中，如采矿、铁路、农业等，就业人数实际上还下降了。例如在美国马萨诸塞州，受雇于制造业的工人数量从 1920 年 1 月的 757 100 人下降到 1928 年 7 月的 509 700 人。根据保守的估计，即使在经济最繁荣的岁月里，失业人数也保持在 150 万人左右。换而言之，这种失业状况不会是由平常所谓的技术性失业导致的，因为自从工业革命以来，技术性失业或多或少地存在，但是数量绝不会如此庞大，一定还存在更深层次的原因。

因此，空前的繁荣建立在不稳定的基础上，庞大的工业利润进入了少数社会上层人士的口袋。占社会 1% 的上层社会家庭收入的 1/10，等于占社会 42% 的社会底层家庭收入的总和。而这些人的巨额财富并没有投资到工厂，却流入了股票市场，带来了大牛市，最终这个巨大的危险泡沫破裂了。

1.3　黑色星期四

> 如果你爱他，就把他送到纽约，因为那里是天堂；
>
> 如果你恨他，就把他送到纽约，因为那里是地狱。
>
> ——曹桂林《北京人在纽约》

1928 年春，随着美国总统竞选活动的升温，各个候选人竞相赞美美国经济的奇迹，受此刺激，股市也加快了上涨的步伐。有些保守的股票经理人开始表达他们心中的担忧，警告民众说大多数股票价格严重超高，但是民众对此言论嗤之以鼻。

1929 年上半年，股票价格再攀新高，投机热潮席卷全国。许多美国人用他们毕生的积蓄进行股票买卖活动。街上的出租车司机一面开着汽车，一面向乘客建议应当购买哪只股票。路旁擦皮鞋的小童也向人积极推荐当天的热门股票。然而到了 9 月份，好景到头了，股市开始出现波动。但同时大多数分析观察家依然顽固地认为股市正处于一个震荡调整期，很快就会恢复上涨势头。最终在1929年10月的最后10天，集中了美国证券历史上一连串刻骨铭心的日子。

1929年10月24日，星期四，天色阴沉，下着小雨。投资商约翰·瑞德早早地起床，开着自己的黑色福特车来到纽约证券交易所。尽管前两日股指重挫31点，使他损失惨重，但是昨天晚上他仍信誓旦旦向妻子保证，只要追加10万美元的保证金就能确保他投到股市里的几十万美元的安全。经不住丈夫的软磨硬泡，妻子最终还是被他说服了。

清晨，纽约证券交易所门口人头攒动，1 100名交易员几乎全部到场，比平日多出了300多人。随着一声清脆的开市敲钟声，股指循着前几日的走势，缓慢地上扬，成交量明显地放大。约翰·瑞德缓缓地舒了一口气。不料风云突变，上午10：30后股指突然掉头向下，股价开始下跌，交易员们发疯似的来回奔跑，但还是赶不上股价下跌的速度。到了上午11点，股指跳水，股价如决堤之水轰然下泄，短短的几分钟里，160万股被抛出。约翰·瑞德瞬间一无所有，他的心沉到了谷底，一个小时后便在自己的家中上吊自杀。

下午1：30，一个神情沮丧的人匆匆走入华尔街摩根公司大楼，他就是杰克·摩根，美国摩根公司的掌门人。面对雪崩般的股市，杰克·摩根迅速联络其他的一些大银行家和政治家，一起拼命地买进股票，想阻止疯狂的下跌之势。然而收效甚微，数百万美元石沉大海。在纽约证券交易所关门后的4个小时，报纸报道了一个惊人的消息：当天近1 300万只股票转了手。这就是美国证券历史上著名的"黑色星期四"。

10月25日，胡佛总统出来安慰民众说：美国的基本商业，是立足于牢固和繁荣的基础之上的。他希望借此稳定民众的信心，刺激新一轮的投资。然而，周末过去，一切挽救股市的努力都白费了。

10月28日，史称"黑色星期一"。当天，道琼斯指数狂泻38.33点，日跌幅达13%，但已经没有人再出面来救市。

10月29日是美国证券历史上最黑暗的一天，人们称它为"黑色星期二"。早晨纽约证券交易所一开市，抛单就铺天盖地袭来，人们不计价格地抛售股票，却苦于找不到买主，交易员被团团围住，交易大厅内一片混乱。当天股市创纪录地卖出了1 641万只股票，股票价格一泻千里，已经跌破底线。

短短5天内，众多投资者极其痛苦地关注着股市的动态，成千上万的人，无论是贫穷的寡妇还是新兴的大亨，几乎失去了所有的生活积蓄，报纸上不断传来投资者自杀的消息。与此同时，许多银行把它们的大量存款用于股票买卖，随着股价的暴跌，这些银行被迫关门歇业。金融企业接二连三破产，民众收紧荷包，不愿花钱购买市面上的商品。当私营工商业主意识到库存持续增加、利润显著下降时，他们的反应只能是削减产量，解雇工人。大量的工人失业进一步削弱了民众的消费需求，引起更多的企业破产和失业人数激增。美国经济的一片混乱局面将整个世界带入了大萧条的深渊，美国人所为之自豪的繁荣时期结束了。

1.4　经济大萧条

> 它曾是最好的时光，它曾是最糟的时刻，
> 它曾是智慧的时代，它曾是疑惑的时代，
> 它曾是光明的季节，它曾是黑暗的隧道，
> 它曾是希望的初春，它曾是绝望的寒冬。
>
> ——查尔斯·狄更斯《双城记》

"那是个愁眉苦脸、垂头丧气的时代。我想，没有经历过大萧条的人，绝对无法理解那时是多么困难。几百万人失去了工作。全国的失业率超过26%。收音机里每天充斥着刺耳的通告，告诫人们不要离

家寻找工作，因为，播音员说，任何地方都找不到工作。对许多人来说，没有工作仿佛就是没有希望。我住在迪克森，这是个位于伊利诺伊州西北部的城镇。当时，许多家庭在沉重的债务负担下失去了他们的土地；提供过很多机会的水泥厂关闭了；市区大街上，乱糟糟的人群在挂起门板的店铺外排着望不到头的长队。"美国总统里根在其自传中这样回忆他所经历的那段痛苦时期。伴随着股票市场的崩溃，美国经济全面陷入毁灭性的灾难之中。当时纽约流行着一首儿歌："梅隆拉响汽笛，胡佛敲起钟。华尔街发出信号，美国往地狱里冲！"

到了1932年春，美国经济降到了最低谷，成千上万的美国人遭受着饥饿的痛苦，许多家庭只能依靠变质的面包、稀薄的汤水艰难度日。令人沮丧的经济统计数字并不能深刻地传达出那些陷入困境中的家庭的绝望、痛苦和愤慨。完成学业的大学生面对的是几乎不存在的就业市场。对于上百万的失业民众来说，为了维持基本的生活他们开始变得不顾一切。

贫民窟似乎一夜间在城市里出现，很多无家可归者用木板、生锈的铁皮、油布甚至牛皮纸搭起了简陋的栖身之所，这些小屋聚集的社区被人们称为"胡佛村"。露宿街头长椅的流浪汉们的要饭袋也被叫作"胡佛袋"，他们身上盖着的报纸被戏称为"胡佛毯"。那些无力购买燃油而改由畜力拉动的汽车被称为"胡佛车"。

在街上贩卖苹果的小贩成了大萧条时期最为人熟知的象征，他们中的大多数从前都是成功的商人和银行家。与此同时，由于食品收购的价格暴跌，农场主们拒绝将他们的农产品运往市场，只好将小麦和玉米当作煤炭来燃烧。他们封锁公路和铁路，推翻货车，将大量的牛奶倒进密西西比河，使这条河变成了"银河"。整个美国社会分化对立严重，不同阶层之间的仇恨不断加重。

1932年6月，20 000名第一次世界大战的老兵在华盛顿举行大规模的示威游行，要求政府立即归还他们的退伍薪金。当政府拒绝老兵们的诉求后，大约 2 000 人坚持不离开。胡佛总统慌了神，错误地指责这些人都是由罪犯和狂热的反政府分子组成，并派遣军队用坦克驱散这群人。这一事件最后在混乱中落幕，幸运的是没有人因此而丧生，但是美国政府用坦克驱逐手无寸铁的退伍军人的场面还是震惊了全国。

面对空前严峻的大萧条局面，胡佛总统固执己见，一味强调维持国家财政预算平衡的重要性，他自认为连一般民众都在困难时期量入为出，政府更应该树立一个好的榜样。结果，他的经济政策使萧条更加恶化，从而也进一步加大了国家的财政赤字。在对外贸易方面，胡佛总统转向了经济民族主义，期待通过征收高额关税、制定进口配额等措施来减少外来商品的流入，从而实现本国失业率的降低。结果，该政策适得其反，许多国家也立刻大幅增加关税加以抵制，国际贸易额骤然下降。在 1929 年至 1932 年期间，世界工业产量降低了近四成，贸易额减少了六成以上。

出于对现有体系的普遍不满，民众要求变革的呼声越来越高。1932 年的美国总统大选成为世人瞩目的转折点。美国民主党对获胜信心十足，他们这次推选纽约州州长富兰克林·罗斯福作为总统的候选人。罗斯福因为担任州长期间的出色表现而获得了党内的提名。他充满朝气，富有幽默感。他竞选时宣称："国家需要大胆、坚持不懈的实验。采用一种方法并试一试，这是常识。如果失败了，那么坦率地承认，然后再尝试另一种。但最重要的是，要有尝试。"最终，富兰克林·罗斯福以创纪录的最大差距赢得了选举，真正的变革开始了。

1.5 罗斯福新政

> 如果冬天来了，春天还会远吗？
>
> ——雪莱《雪莱诗选》

　　1933年3月4日下午1点，美国国会大厦被民众围得水泄不通，40万名美国人在此静静地守候，这一场面犹如国家的神圣祭典。新当选的总统富兰克林·罗斯福上台发表就职演说，他信誓旦旦地告诉民众："值此我就职之际，我确信同胞们希望我能考虑到国家当前情势的迫切要求，用一种坦率和果断的态度来发表演说。现在尤其有必要坦白而果断地讲真话，告诉大家全部的真实情况。我们不必畏惧，不必躲闪，我们要敢于正视国家今天的现实。这个伟大的国家将会像从前那样经受住考验，它将复兴起来，并繁荣下去。因此，首先让我表明我的坚定信念：我们唯一应当恐惧的就是恐惧本身……面对我们前面的严峻日子，我们因为举国团结一致而充满炽热的勇气，抱着清醒的意识去寻求传统、珍贵的道德价值，并对男女老少均能克尽其职而深感欣慰。我们的目的在于保证拥有一种圆满和持久的国民生活。"罗斯福的演讲俘获了美国人民的心，所有人都确信一个崭新的美好时代就要来临。3月5日，随着白宫发出第一道命令，大规模的经济复苏计划启动了。

　　金融系统首当其冲。罗斯福总统上任第二天即宣布全国银行"休假"5天，同时禁止外汇买卖和黄金外运。随后，美国国会迅速通过了《紧急银行法》，授予总统管制信贷、通货、黄金和外汇交易的紧急权力。同时，为了恢复大众对银行的信任，该法案规定由财政部对全国银行逐个进行审查，合格者方可领取重新开业的执照。对于许多银行缺乏资金的状况，该法案授权金融复兴公司通过购买银行优先股的方式来补充银行的流动资金。紧接着，罗斯福向国会提交了《重建美国国家政府信用法案》，要求所有的政府职员薪水削减15%。证券业成了下一个被开刀的对象。国会制定了《联邦保险法》，公众有权让推销者告知其新的证券信息。同时，联邦贸易委员会被赋予了管制证券交易的权力。

　　失业和经济发展停滞成为当时的焦点难题。尽管国会拨款5亿美元用于救助贫困者，并建立了民间资源保护队，雇用青年男子从事造林和其他维护工作，但是杯水车薪。

为了刺激工业复苏，国会最终还是通过了极富争议性的法案——《国家工业复兴法》。除了新成立国家工业复兴总署外，该法案还给予工人最低工资和最高工时的保护，保障工人建立组织和集体谈判的权利。《国家工业复兴法》的通过不仅导致美国工会运动的蓬勃发展，而且成功地铲除了童工问题。随着复兴工作的深入开展，政府大量的公共工程支出增加了对国内工业产品的需求，工业产量开始稳步回升。

在农业方面，1936年《农业救济法》施行，如果农场主将一部分土地用于种植保养土壤的农作物，或者在政府的农业计划中长期予以合作，那么政府将给予金钱报酬。截至1940年，近600万人获得政府补贴。在同一时期，政府还向农场主提供农业贷款，并着手建立有计划的仓储制度，以确保粮食产量保持正常。随着农产品价格回升，农场主的收入也趋于稳定。在罗斯福的众多改革项目中，田纳西河流域管理局或许对美国历史而言具有深远的意义，它成为罗斯福复兴计划中的一个巨大试验场。该机构在田纳西河流域除了修建大坝、发电厂外，还回收贫瘠的农田，进行农业实验，并且推动当地公共卫生和娱乐设施的建设，数百万居民的生活因此得到了明显的改善。

罗斯福的百日新政让美国的经济有了相当程度的复苏。许多经历过这一历史时刻的人，都留下了反映新政的文字。当时的最高法院法官哈伦·菲斯克·斯通写道："在政府交接中从未发生过这样巨大的变化。"由于新政的影响，美国人开始接受政府应承担起带领国人走出经济困境之责任的观念。许多原来美国人生活中缺乏管制的领域，开始受到政府的管制：证券交易、农产品生产、劳工关系、救济贫困等。总而言之，新政提升了美国社会的信心，重振了美国经济的活力，激发了无数民众的想象力和创造力。

1.6　根源大争论

> 天才和我们相距仅仅一步。
>
> 同时代者往往不理解这一步就是千里，
>
> 后代又盲目相信这千里就是一步。
>
> ——芥川龙之介《侏儒的话》

对于全世界范围内为什么会发生如此严重的经济大萧条，20世纪30年代的经济学界争论不休，许多经济学家绞尽脑汁，希望能找出真正的根源来对症下药。

或许第一位对此提出自己解释的经济学家早在大萧条出现之前就写下了关于大萧条必然出现的预言。卡尔·马克思，这位德国裔的共产主义学说奠基人，在他和恩格斯1848年发表的《共产党宣言》中这样写道：

因为社会上文明过度，生活资料太多，工业和商业太发达，社会所拥有的生产力已经不能再促进资产阶级文明和资产阶级所有制关系的发展；相反，生产力已经强大到这种关系所不能适应的地步，它已经受到这种关系的阻碍。而它一着手克服这种障碍，就使整个资产阶级社会陷入混乱，使资产阶级所有制的存在受到威胁。资产阶级的关系已经太狭窄了，再容纳不了它本身所造成的财富了。

马克思热切盼望通过革命的方式从根本上变革资本主义制度来解除经济出现周期性萧条的威胁。俄国1917年的革命似乎符合马克思的愿望，而斯大林领导下的苏维埃国家吸引着当时众多激进的知识分子，他们纷纷转向其寻求解决出路。

然而，其他的一些经济学家相信资本主义制度是可以自我修复的。他们倾向于认为一个过分依赖美国的脆弱金融体系是造成世界经

济大萧条的根源，这个体系包括英国和法国等第一次世界大战期间的
战争贷款、德国和奥地利为战败所支付的战争赔款以及美国战后对欧
洲的投资。

由于德国和奥地利在第一次世界大战中损失惨重，因此它们只能
依靠美国的贷款和投资来支付对英国和法国的战争赔款。反过来，英
国和法国政府用德国、奥地利两国的赔款来支付战争期间向美国的借
款。所以，一旦美国出现经济大衰退，这个金融体系便崩溃了，世界
都被拖入大萧条的深渊。如何迅速地挽救美国经济成为当时的重中
之重。

以提出交换方程和指数理论而闻名的经济学家费雪自信只要美国
政府大力提振民众的信心，消除大众恐慌的情绪，营造乐观的气氛，
随着居民消费量的自动持续增长，经济危机就会很快过去，复苏指日
可待。另外一些经济学家则建议美国政府努力削减工会的势力，降低
工人的工资，减少经济运行过程中的人为阻力，为经济发展创造一个
最自由放任的环境，这样才能度过危机。但不幸的是，上述治疗方案
并没有使美国经济摆脱萧条局面，反而有更恶化的趋势。

时势造英雄，看来思想界真的需要些标新立异的人物。他或许是
位业余艺术爱好者，多才多艺；他或许是位大学教授，主编一份经济
学杂志；他或许是某公司的董事长，八面玲珑，与上层社会来往
密切。

最终一位名叫约翰·梅纳德·凯恩斯的经济学家脱颖而出。他为
世人提供了一种新的解决办法。1936年凯恩斯出版了他的著作《就
业、利息和货币通论》，对大萧条引起的失业问题给予了明确的回
答。他分析经济出现萧条的根本原因在于社会需求不足。凯恩斯极力
主张政府通过积极的财政政策来刺激经济，包括降低中央银行利率来
鼓励投资，大规模地兴建公共工程来提供就业机会，改变税收政策来
重新分配收入等。尽管这些措施会给政府带来财政赤字和预算的不平
衡，但对于当时的经济困局而言确实是一剂良药。

　　有3个国家在凯恩斯的《通论》出版前就预先试用了他的理论。1932年瑞典工党重新拿回执政大权，开始采取大规模公共投资计划，经济局面为之一振。到了1935年，瑞典的工业产量超过1929年的水平，之后10年间经济持续增长。德国的希特勒在1935年宣布实行消除失业的四年计划后，1938年工业产量就比1929年增加近三成，并且为将近600万的失业人口解决了就业问题，一时间德国境内几乎不存在失业问题。美国自罗斯福总统上任后实施有史以来最大规模的经济和社会改革项目，史称"新政"，在美国历史上影响极为深远。上述3国所取得的斐然成绩，验证了凯恩斯的理论，凯恩斯由此成为20世纪最有影响力的经济学家之一，一度被誉为资本主义的"救星"。他的《通论》也成为一部划时代的巨作。

14

02 | 凯恩斯的
       早期生活

2.1 幸福家庭

> 幸福的家庭都是相似的，
>
> 不幸的家庭各有各的不幸。
>
> ——托尔斯泰《安娜·卡列尼娜》

凯恩斯伟大的一生开始于英国剑桥市哈维路6号。1883年6月5日早晨9时45分，一个男孩诞生在这幢典型的维多利亚时代建筑中。尽管男孩的父亲渴望拥有个女孩，但是男孩的降临仍然使父母倍感幸福。这个男孩随后被起名为约翰·梅纳德·凯恩斯。

凯恩斯的祖父是位成功的商人，他所留下的殷实财产使得凯恩斯的父亲——约翰·内维尔·凯恩斯能够专心地从事学术研究工作而不为生计发愁。凯恩斯的父亲大学时就读于剑桥大学彭布罗克学院，选修数学。后来他发觉自己不仅不喜欢数学，还有些痛恨它，于是转读伦理学。经过6年的苦读，他终于在伦理学荣誉学位考试中高居榜首，因而被授予"资深伦理学者"的称号。凯恩斯的母亲，弗罗伦斯·艾达·布朗，作为牧师的女儿，一生都热心从事于社会公共事务。她不仅是剑桥关爱女孩协会和地方慈善组织协会的会员，还积极地为筹建青工介绍所奔波。

随着凯恩斯的妹妹玛格丽特和弟弟杰弗里先后在1885年和1887年降生，这个有教养的中产阶级家庭享受着最幸福的时光。不管平日里工作如何繁忙，凯恩斯的父母仍然时时刻刻关注着自己的家。他们并不喜好社交应酬，而是把所有时间留给了孩子们。朗读小说是凯恩斯全家平日里最主要的娱乐活动。一家人常常围坐在火炉旁，听父亲内维尔高声地朗读狄更斯的作品。他对小说《安娜·卡列尼娜》情有独钟，认为它是一本极其精彩的书。偶尔全家人还会去伦敦的剧院看戏，剧目精挑细选，令人振奋。除了看戏、读书外，集邮、打高尔夫球、下棋等活动也成为美好生活的一部分。

凯恩斯作为3个孩子的老大，自小深受父母的宠爱。父亲内维尔常感觉自己似乎连续几个小时被小家伙迷住，盼望他能健康地成长起来。母亲弗罗伦斯同样对凯恩斯爱得炽烈，为他的未来花尽了心思。但是小凯恩斯并没有因为父母亲的疼爱而得以逃避因犯错误而遭到的惩罚，遭受父母的责打是常事。小时候的凯恩斯个子很高，长着一副略带忧愁的面孔，瘦弱的身体上顶着一颗过于活跃的脑袋。他总是担忧自己的相貌丑陋，但事实上，他那引人注目的高颧骨和带着些许柔和笑容的嘴角使他看上去与众不同。

凯恩斯有着惊人的逻辑推演天赋。在6岁生日时，他因为向妹妹玛格丽特论证她是一件东西而使玛格丽特深感羞辱，伤心痛哭。他的论证过程是这样的：玛格丽特不愿意成为一件不存在的东西，如果她不是一件不存在的东西，那么她一定是某件存在的东西，但是如果她是某件存在的东西，那么她就是一件东西。凯恩斯的论证引起了当时逻辑学家约翰逊的兴趣，他亲自造访凯恩斯家，反驳凯恩斯东西是否

能够说话，凯恩斯只是神情若定地回答，有些东西不能说话，而有些
东西能说话。

　　自从进入圣菲斯预备学校开始学习生活后，凯恩斯的成绩一直马
马虎虎，老师还不时抱怨他粗枝大叶。但是几个学期后，老师开始注
意到凯恩斯数学方面的接受能力很强，语言词汇的运用也很丰富。到
了11岁时，经过父亲内维尔在考试技巧上的指点，凯恩斯的成绩第
一次在班上名列第一，而且此后这一领先的地位就一直没有动摇过。
凯恩斯开始相信自己确实有数学上的天赋，因此他要求每星期4天每
天额外增加2小时的数学辅导。其后一段时间里，凯恩斯对数学到了
一种走火入魔的地步，甚至在全家人做祷告时，他发现自己嘴里居然
念道：让妈妈等于X，让弟弟等于Y。

　　最终，凯恩斯以"全校最杰出的学生"称号毕业。父母亲决定让
他参加伊顿公学奖学金的考试，这是凯恩斯第一次与英国的知识精英
较量。为了顺利地通过考试，父亲内维尔专门请来了辅导教师，父子
俩每天早早起床学习。皇天不负有心人，凯恩斯成功地获得了伊顿公
学的奖学金，他的数学才能帮助他在考试中脱颖而出，在这门课上他
取得了第一名。1897年夏天，一个优秀的男孩迈进了伊顿公学的校
门，凯恩斯的人生从此有了崭新的一页。

2.2　求学时光

<blockquote>
为了得到真正的快乐，

避免烦恼和脑力的过度紧张，

我们都应该有一些爱好。

——丘吉尔《我与绘画的缘分》
</blockquote>

　　伊顿公学作为贵族学校，一直是培养英国知识精英的摇篮。它有
一个独特的教学体制，即给每位学生配备一名辅导教师，他将负责监
督该学生各个方面的学习进展情况并提供适当的咨询和帮助。尽管伊

顿公学严格要求学生在着装方面的一致性，但是身为学生仍然拥有完全属于自己的独立天地，可以思考和追求个人所喜欢的任何东西。凯恩斯就在这种理性浓厚而又有点超凡脱俗的氛围中开始了他的中学生活。

在伊顿公学求学期间，凯恩斯是一名标准的模范学生。他不仅学习成绩优秀，还常常因为能快速地领会和掌握事物的要领来完成功课而受到表扬。同时他那无与伦比的数学能力也得到充分展现，并取得了相当辉煌的成绩。凯恩斯几乎在所有的重要数学竞赛中获胜，奖项数量达到了惊人的 63 个。凯恩斯将得来的奖金花在书籍的收藏活动上，因此他时常流连于剑桥的旧书店，努力地物色著名出版社出版的书籍以及各种古典文学的早期印刷版本。他还在自己的藏书中插入编号，以标明购书的顺序。到凯恩斯离开伊顿公学时，他所收藏的书籍数量已经超过 320 本。他毕业得到的礼物居然是 16 世纪 30 年代伊顿公学的校长所使用的一本精美的祷告书籍。

在课余时间凯恩斯积极地投入到体育活动中去，如游泳、足球、板球等，希望借此锻炼他那赢弱的身体。他爱好交际，广结朋友，在学生中拥有极高的人气，进入伊顿公学仅仅半年就入选了学校的辩论俱乐部，不时地就时事问题发表演讲。凯恩斯对校园生活充满了热情，他极度渴望一天有 36 个小时，一星期有 14 天，这样就有足够的时间来安排他感兴趣的所有活动了。

在伊顿公学的岁月里，有两个人对凯恩斯的成长发挥了至关重要的作用，其中一个是他的辅导老师——塞缪尔·格涅·卢伯克。卢伯克刚以古典文学头名的成绩毕业于剑桥国王学院，来到伊顿公学担任助理教师。作为新手，他一开始回绝了凯恩斯父亲的请求，希望能有其他经验更加丰富的老师来辅佐凯恩斯。凯恩斯父亲并不气馁，为此亲自到剑桥国王学院调查相关情况，咨询了一些权威人士后，执意要卢伯克担任凯恩斯的辅导老师，最后这一选择被证明是正确的。因为凯恩斯在后来的学习过程中，由于卢伯克的高瞻远瞩，他没有以牺牲

18

更全面的教育为代价去过分专攻自己的强项数学。

卢伯克的确是位理想的导师。他是一位典型的英国绅士，身材高大，温文尔雅，多才多艺而又卓有建树。当发现凯恩斯是个不同寻常、潜力非凡的孩子时，他就热心鼓励凯恩斯要不断地向外拓展自己的视野。凯恩斯自己也很喜欢和尊敬这位老师，受其熏陶还萌发了对中世纪拉丁文诗歌的兴趣。

另一个对凯恩斯而言施有重大影响的人就是他的父亲内维尔。自从凯恩斯到伊顿公学上学后，父子俩之间的通信就不曾间断过。父亲内维尔不仅对凯恩斯的学业和社交活动了如指掌，而且源源不断地给他发来有关学习方法、考试技巧、行文风格和行为举止方面的指导意见，凯恩斯因此受益匪浅。

在伊顿公学的最后一年，所有人都相信凯恩斯应该去申请大学的奖学金，至于哪所大学，毫无疑问就是剑桥。凯恩斯坚信除了剑桥的国王学院外，没有其他什么地方值得一去。他同时申请了古典文学和数学两个专业的奖学金。不出人意料，凯恩斯如愿拿到了奖学金，还获准免去所有的学费，并且在取得第一个学位之前，连住宿也是免费的。

1902年，凯恩斯在伊顿公学的生活结束了。他的辅导老师卢伯克曾这样写道：对他的离去，每个认识他的人都感到遗憾。他在这里的时光中，我想他是幸运的：在过去的一两年中，这里的杰出男孩子们在我看来全都非常优秀，而他居然还能在他们中间脱颖而出。毫无疑问，他有着精致成熟的头脑，而且丝毫没有像许多同龄孩子们那样可能会被自己的头脑所压垮；我几乎还没有碰到过任何一个孩子是如此聪明，且没有半点的自命不凡……恐怕要过很久我才能得到另一个学生，可以把能力和勤奋结合得如此完美。

2.3　剑桥文化

> 一个人年轻的时候需要有个幻象，
>
> 觉得自己参与人间伟大的活动，
>
> 在那里革新世界。
>
> 他的感官会跟着宇宙间所有的气息而震动，
>
> 觉得那么自由、那么轻松！
>
> ——罗曼·罗兰《约翰·克利斯朵夫》

剑桥大学的经历对凯恩斯的一生具有里程碑的意义。在大学生活中他的思想开始真正地觉醒，价值观发生了深刻的变化。剑桥大学深厚的文化底蕴和求知氛围不断地触动凯恩斯的神经，正如年幼时曾外祖母告诉他的那样："你将会非常聪明，因为你一直住在剑桥。"

进入剑桥国王学院后，凯恩斯仍然和过去一样，没有全力地去攻读数学。他在给父亲的信中抱怨数学是最糟糕的学科，他厌烦至极，实在不想再继续攻读下去了。凯恩斯尝试着学习其他各类人文学科。他不仅修读历史，研究伦理学，还听了有关形而上学的课，并为此撰写一篇《时间和变化》的文章来表明自己所理解的时间观念。课余时间他依旧大量地购买书籍，并与志同道合的朋友创办了藏书协会，同时又加入划艇队。忙里偷闲的他还抽空参加了桥牌比赛。

值得着重指出的是，在剑桥上大学，学生所受教育的主要部分是从其他人身上吸取的。有时候一个人确实可以从课堂或者图书馆获得他所希望专门研究的某一学科的基础知识，但是高等教育的独特之处在于如何运用某一种手段去最大限度地激发人的创造力和逻辑思维能力，使人思考问题能从简单平庸过渡到成熟深刻。唯有这样的高等教育才会为社会提供开拓思想之先河、肩负社会之重任的人才。

许多从剑桥大学毕业后在各自领域取得非凡成就的人都认同他们从朝夕相处的同学身上所学到的东西比通过其他任何方式获得的都要

20

多。剑桥大学里众多的学术团体也乐于提供这样的平台。

　　凯恩斯在伊顿公学时的极高声誉，使他受邀参加一个名叫信使会的学术组织。该团体的活动安排沿袭传统，即在每周六晚上，到信使会秘书的房中开展闭门的讨论活动。在每次活动时，主持人首先宣读事先征得所有人同意的文章，然后开始讨论。发言顺序抓阄决定，发言者要站在壁炉前的地毯上发言。最后大家一起针对讨论中出现的问题进行投票表决。这样直言不讳式的讨论能够让年轻人头脑中尚未定型的思想不易夭折，而且这些想法在唇枪舌剑的讨论中被诱导出来，得以发展并经受检验，结果不但使年轻人收获自信心，还赋予他发展其理论的力量。

　　在整个活动中，大家一边品尝着烤面包或者咖啡，一边聆听着各自的观点，共同坦诚、认真地寻求真理。信使会的成员也包括一部分的教师，他们之所以能加入是由于他们能够把非凡的智力与超凡脱俗的情操良好地结合在一起。他们为讨论活动构建了一个极佳的知识背景。或许他们的观点会受到批评，但是他们依然不失为各自研究的学科领域中的先行者。通过这样的讨论活动，凯恩斯逐渐认识到那些业已确立的正统学说看起来并不那么可靠，他也深刻体会到新学说更具活力。

　　信使会自成立起就特别关注伦理哲学，当凯恩斯加入时仍然有四位顶级的哲学大师：罗素、摩尔、怀特海和麦克塔加尔。受这些人的影响，凯恩斯将自己的兴趣重点放在了哲学上，他十分渴望得到一种对生活的坚定信念。信使会的其他成员，如梅里狄斯、斯特拉彻等都偏爱文学和艺术，他们将哲学摆到第二位。尽管如此，他们的审美观依然受到哲学的影响。所以，哲学和美学成为信使会成员探求真理的两条途径。

　　凯恩斯自从成为信使会成员后，他的生活就有了极大的转变。最明显的是，他拥有了一个与以往完全不同的朋友圈子，而且在这个圈子中不断地有新人加入。凯恩斯一生的大部分时间都在新老信使会成员的圈子里度过。当然，凯恩斯的老朋友并不会因此而立刻消失，他在伊顿公学所建立的联系纽带仍然发挥着作用。但是凯恩斯的人生确实进入了一个新的世界，这个世界更加充满了蓬勃的活力。同时信使会的学术活动也改变了凯恩斯的价值观，从此他将自己所有的生活激情都投入到追求哲学、美学和友谊之中，不管其他的事物多么有趣，这些是他毕生的追求。特别是信使会中的哲学大师摩尔的思想，成为凯恩斯一生所信奉的人生指南。

2.4　执着信仰

> 有一天我们的文明，不论是升华还是浮华，都要成为过去。
>
> 然而现在还是清如水、明如镜的秋天，我应当是快乐的。
>
> ——张爱玲《传奇》

凯恩斯所处的那个时代，一个人的信仰会深刻地影响他的日常行为和价值判断。凯恩斯特别重视发掘自身信仰，并为此花费了大量的时间和精力来寻求信仰对个人行为的强大指导作用，他总是用信仰来解释自己行为的正确性。凯恩斯几乎所有的思考和决定都在执着地为其信仰服务。

信使会中的哲学大师摩尔成为凯恩斯信仰的坚实奠基人。他的著作《伦理学原理》对凯恩斯而言影响甚巨，凯恩斯极力赞扬此书是一部令人拍案称奇的巨著，是这一学科中最伟大的著作。摩尔能成为凯恩斯信仰道路上的指引人，主要出于两个方面的原因。一方面的原因是摩尔本人的迷人魅力。他长相英俊，平易近人，全身洋溢着批驳谬误与揭露混乱的激情。罗素曾称赞道："他的智力充满了像斯宾诺莎一样的激情，他有一种气质文雅的近乎完美的纯真。"摩尔在加入信使会时宣称："我们要传播怀疑一切的思想，直到有一天，人人都知道我们对任何事情都是一无所知。"此言一出，令当时在场的所有人都感到震惊，从未意识到还有如此无所畏惧的人。原因另一方面则来自摩尔的语言风格，阅读他的著作使人如痴如醉。他用词跌宕起伏，能把清晰凝练的思想与炉火纯青的手法完美地融为一体，所以摩尔的文章不会让人产生任何误解。凯恩斯曾被摩尔这种登峰造极般运用寻常语言来清晰地表达思想的功力深深地折服。

然而，凯恩斯并没有从摩尔那里继承他的全部，他只是接受了摩尔的信仰，而拒斥了他的道德信条。凯恩斯所指的信仰仅仅是个人对自身和终极目标的看法，而道德信条则指向个人对外部世界的观感，两者区别在于前者告诉人如何成为好人，而后者强调人如何去做好事。

凯恩斯的信仰包含四个部分：

第一部分是对某些终极概念的不可定义性，如真、善、美等。凯恩斯在此深受摩尔思考方法的影响。摩尔认为错误产生的主要原因在于人们急于去回答问题，而不事先考虑到底想要回答什么问题；只有在真正了解问题的确切含义后，回答问题才会变得简单明白。因此，使用精确的语言和提出准确的问题至关重要，但是人们在面对一些终极概念（如正义、上帝）时，语言就会变得无能为力，无法精确地定义，所以对于这些终极概念只能由个人直接亲身去体验才能有所感悟。

第二部分是摩尔在《伦理学原理》中提出的重要观点，即在所有价值中，人的"心态"具有最高的价值；除此以外，一切都不重要。这种"心态"是一种永恒而又热情的精神思考和交流。它的对象是所爱的人、美的感受及知识。凯恩斯对此种"心态"激动不已，认为自己在成长过程中正是包含了这样的精神追求：柏拉图的本质上的善、某种胜过托马斯·阿奎那的经院哲学、加尔文教的对名利与快乐的远离以及少年维特式烦恼的全面压抑。

第三部分是关于人类行为正确与否的评判标准。摩尔的标准是功利主义与传统规则的混合物。而凯恩斯自信已摆脱功利主义的束缚，他甚至认为恰恰是功利主义在蚕食现代文明，败坏道德，破坏大众的理想。他也排斥那些传统的道德和保守的观念，不承认有什么道德义务或者内在约束。他强烈主张根据事情的是非曲直来进行实事求是的分析评判。

第四部分是整体性的原则。他推崇看待一切事物都应从整体上去考虑，不能片面孤立地得出结论。一些事物就其本身来说或许并不太好，但一旦与某些其他事物结合在一起，可能会产生不同凡响的作用。

总之，凯恩斯的信仰使他意识到，文明并不是建立在个人和少数人意志之上的摇摇欲坠的大厦，只能以苛刻的法律和阴谋诡计才能维持下去。他也不准备尊重那些为制定生活秩序做出杰出贡献以及精心地保护这一秩序的前辈们。凯恩斯坚信自己是社会向善论的最后继承者和维护者，他相信人类的道德水平将会不断地提高，因为人类已经拥有了一批值得信赖的富于理性且正直的人们，他们在真理和客观标准的引导下，能够摆脱那些保守的观念，并且自此形成他们自己的信念和纯洁的动机。

2.5　初入师门

> 世有伯乐，然后有千里马。
> 千里马常有，而伯乐不常有。
> ——韩愈《杂说四·马说》

在上本科三年级时，凯恩斯终于将数学彻底抛到了一边，开始在阿尔弗雷德·马歇尔的指导下学习经济学；但这并不意味着凯恩斯毅然决定成为一位经济学家，他主要的学术兴趣和以往一样仍然集中在哲学上。

阿尔弗雷德·马歇尔是维多利亚时代后期剑桥大学的关键性人物，他一直积极地去做某种尝试，希望能为由于《物种起源》出版而带来的神学崩溃寻找到某些替代其权威性的思想体系。他深知需要给予经济学崭新的科学与道德上的权威性。

马歇尔出生于具有教会背景的知识分子家庭。1865年他以第二等优等生的资格从剑桥大学毕业。但当马歇尔准备着手研究经济学时，经济学正处于风雨飘摇之中。众多混乱的经济理论对当时的经济学界造成了严重的伤害，学科的科学基石面临崩溃。然而更大的冲击来自于经济学方法论上。它受到了两个方面的严峻挑战：一方面是社会学家，他们认为经济学只能有限地解释人类的一些局部行为，对于其他更加复杂的行为则缺乏解释力。另一方面来自德国的历史学派，他们相信每个时代都受制于它自身的发展规律，而这些规律只有通过历史的途径才能得到发现。

与此同时，经济学在道德上的权威性也一落千丈，许多社会人士强调，基于古典经济学家自由放任学说而制定出来的社会政策必然会极大地破坏现有的社会关系，造成严重的无政府状态甚至爆发革命。马歇尔下定决心要为这个正在失去控制的经济学界恢复它原有的秩序。他为自己定下了三项任务：一是加强经济学的科学性；二是恢复经济学应有的道德权威；三是把最优秀的人才吸引到这个学科上来。

经过23年的努力，马歇尔做到了。他成为经济学领域的集大成者，不仅成功地建立了与古典经济学学说的历史连续性，而且使经济学变成一门可以测量动机的科学。他同时使经济学与资产阶级保持了道德上的一致性。因此，当1890年他的著作《经济学原理》出版时，他立刻获得大西洋两岸众人的掌声，被认定为一本极具权威性的著作。马歇尔要吸引有独立见解和天分的优秀年轻人来学习经济学的目标最终也实现了，凯恩斯投身到了他的门下。

凯恩斯起先发觉跟着马歇尔研究经济学非常有意思。他做了大量的功课，不但阅读了休谟、杰文斯等人的作品，还仔细地学习了马歇尔的学术论文，如《外贸抽象理论》《国内价值抽象理论》等。马歇尔对凯恩斯的努力也留下了深刻的印象，他经常用红笔在凯恩斯的文章中写下评语，他感到凯恩斯的一些答案显示出了天才的见解。马歇尔甚至直接写信给凯恩斯的父亲内维尔："你的儿子的经济学成绩优异。我已告诉他，如果他决意以经济学家为终生职业，则我不胜欣喜之至。当然我一定不会强迫他。"

但是，凯恩斯对于马歇尔一直缠着他，要他成为一名专业的经济学家，并在他的论文上写下赞赏的评语来促成这一目标的手段抱有极大的怀疑心态。他承认如果自己愿意的话，他可能会在马歇尔这里工作很长一段时间，然而在当时的那种状况下，让他与马歇尔再多待下去，他确信自己已经无法忍受。然而问题是，去伦敦做一个政府公务员是否意味着不会这样难熬。凯恩斯萌生去考取政府公务员的念头，他也感到或许是时候离开剑桥哈维路6号的家了。

最终，凯恩斯向父母讲明了他的决定，放弃经济学荣誉学位的考试，把全部精力投入到政府公务员的考试上。马歇尔在知道凯恩斯的决定后深感惋惜，直到凯恩斯公务员考试前的几个月，他还试着去鼓励凯恩斯参加经济学荣誉学位的考试。他告诉凯恩斯："你只需要在考前几天温习一下经济学，也许就会得第一等呢。"但凯恩斯没有就此动心，全力以赴地准备政府公务员的考试。

事实上凯恩斯确实一辈子也没有拿过经济学的学位。

2.6 职场生涯

> 从根本上说，生活是冒险；
>
> 要舒畅地生活，
>
> 就要有勇气增强自己的力量，坚定自己的信心。
>
> ——马尔兹《活着不是为了痛苦》

面对即将到来的公务员考试，凯恩斯和父亲内维尔一起像以往一样做了充足的准备。考试持续大半个月，父亲内维尔为此在伦敦租了一套公寓。经过气氛紧张的考试后，凯恩斯估计自己可以进前10名。最终考试结果出来，凯恩斯成绩位列第二。具有讽刺意味的是，他丢分丢得最多的两门正是他具有良好基础的学科：数学和经济学。

　　凯恩斯因此得到了英国在印度的事务部一个低级职员的职位。他正式作为事务部下属军事司的职员开始了他的公务员生涯。这个印度事务部由6个司组成，每个司通过秘书处来负责日常工作。秘书处有近百个职员，它的主要职能就是处理与印度相关的各种文件。凯恩斯的第一个工作任务是将10头纯种的小公牛用轮船运到孟买去。这也成为他日后唯一值得夸耀的政绩。秘书处每天处理一些文件，基本上都是例行公文，加上凯恩斯处理公文速度惊人，这个工作确实很难激发他的全部热情。他经常抱怨上班无事可做，平均每天办公的时间连1个小时都不到。

　　凯恩斯开始试着在上班时用空闲的时间写论文和处理私事。或许有人注意到了凯恩斯的才能正在被浪费，于是在与上司一番面谈后，凯恩斯被调到了税收、统计及商业司。该司的工作比较令人感兴趣。凯恩斯必须将有关"印度精神与物质进步"的年度报告装订成册。

　　直到一年后，凯恩斯才回到剑桥老家享受了3个星期的假期。但是这3个星期剑桥的生活促使凯恩斯再次萌发去进行另一番事业的念头。他能否顺利地离开印度事务部主要取决于他能否取得剑桥大学国王学院研究员的位置。凯恩斯又再一次开始整日忙于准备自己关于概率论方面的学术论文。父亲内维尔对于凯恩斯朝三暮四，想辞去印度事务部的职务去当研究员的事颇不赞同。他认为当研究员没有任何前景，而且只有短短的6年期限。为此父子俩还发生了口角，最后父亲内维尔勉强让步，毕竟这是凯恩斯自己的生活。

　　不幸的是，凯恩斯竞争研究员的职位没有成功，他对此十分懊恼，但是愤怒大于失望，尤其是他听到他被拒绝的原因之一居然是他第二年还会有另一次机会。虽然未能竞选上研究员这件事对凯恩斯是个沉重的打击，但是回到校园生活的机会比他自己的预期都要快。

　　被拒研究员职位后的两个星期，马歇尔告诉凯恩斯他一直拿出年薪的一部分来资助一个经济学讲师的职位，他建议凯恩斯可以去争取一下这个位置。凯恩斯如愿得到了该讲师职位。

1908年，在25岁生日时，凯恩斯正式向印度事务部辞职。他的上司虽然尽力地挽留，然而凯恩斯毫不犹豫地做了正确的选择。他自己也从来不认为这个国家的政府部门对有活力和有雄心壮志的年轻人来说是一个最好的地方。尽管它有着舒适的生活方式，并且可以确信能够一步步地缓慢达到中等程度的富裕和退休生活，但是确实不会令人感到有趣和兴奋，不能充分激发凯恩斯的好强心和自信心。

凯恩斯在印度事务部虽然待的时间不长，仅仅有两年，但是这份经历对他的职业前途有着举足轻重的影响。在那里凯恩斯不但获得了关于一个政府部门如何行使其职能的知识，而且从他的上司处学会了关于印度货币卢比的处置问题，这些都为凯恩斯在经济学上的研究、教学以及他关于印度货币体系的写作和未来取得"皇家印度货币和金融委员会"的委员资格奠定了坚实的基础，而上述那些成就又使凯恩斯在英国政府那里获得了更大的声望。

1914年，第一次世界大战爆发，英国出现危机，凯恩斯被召去帮忙。1915年，他更被召进财政部，在那里他不再仅仅是个研究货币的经济学家，而是能把理论运用到行政管理上的能人。

1919年7月，凯恩斯回到了哈维路6号，这时的他比任何人都开心，因为他重新找回了属于自己的真正生活。

03 | 《通论》思想的
前世今生

3.1 和约的经济后果

> 我看到了各个民族彼此敌视，
>
> 而且默默地、无知地、愚蠢地、甘心地、无辜地在互相残杀。
>
> 我看到了世界上最聪明的头脑，
>
> 还在发明武器和撰写文章，
>
> 使这种种敌视和残杀更为巧妙，更为经久。
>
> ——雷马克《西线无战事》

1914年，整个欧洲变得面目全非而又恐怖异常，温柔的阳光消失了，代之以冷酷的怒容和血腥的气息。人们似乎正处于一个前所未有的陌生之地，风雨飘摇，前途暗淡，即使在剑桥的凯恩斯也不能置身事外。

第一次世界大战爆发前的两天，凯恩斯收到英国财政部的来信，财政部迫切需要向他咨询有关问题。当天凯恩斯便乘摩托车直奔伦敦，开始为财政部服务。财政部的氛围对凯恩斯而言确实要比印度事务部好得多。它是英国政府管理日常开销的核心部门，特别在战争时期，军费支出数量庞大而又复杂烦琐。虽然任务艰巨，但财政部规模很小，且排外性很强，只有40人，外加12名临时聘请的专家，管理着从财政收入的收取到对政府各个部门的资金分配。

凯恩斯一到那里，其敏锐的思想和无限的工作能力就使自己迅速成为相关领域的权威，成为财政部的一员悍将。凯恩斯能够很好地将政府具体的拨款要求和其财政政策的总体原则结合起来，同时妥善地处理好国内金融与国际金融之间的关系。他从控制对战争借款的使用，及其与英国自身需要的角度出发，发展并完善了同盟国战争贷款制度。

后来当美国加入第一次世界大战时，美国财政部也采取了相同的做法。另外，凯恩斯之前的公务员生涯使他具备了作为文官所必不可少的才能。在很短的时间内，他就能完成一份短小精炼的备忘录。许多人都赞赏凯恩斯无可挑剔的非凡工作效率，甚至断言他对英国赢得第一次世界大战的胜利所做的贡献比任何其他文职人员都要大。

1918年11月11日，第一次世界大战终于结束了。然而随之而来的巴黎和会，使凯恩斯异常愤怒，从财政部挂冠辞职。他有感而发，通过著书立说来表达自己的抗议之声。1919年12月12日，《和约的经济后果》正式出版，它的出版令所有人都感到震撼。这部优秀的论战性著作以它深刻的哲学思考、清新的行文风格、生动的叙事情节及凛然的权威态度给读者留下了极其深刻的印象。

尽管这部作品的核心是对战争赔款问题的解析，但是它生动如实地塑造了巴黎和会的场景，对英、法、美三国政要的软弱无能进行了无情而严苛的讥讽。没有人再像凯恩斯那样如此旗帜鲜明地对巴黎和会上那种弄虚作假、撒谎欺骗的作风进行批判。

这部书在让凯恩斯获得巨大声望的同时，也使他得罪了英国的上层人士，他们对凯恩斯有了这样的评断："凯恩斯当然是一位杰出人物，对他应采取的正确态度是利用他的思想成果，这样他可以大有用处；但切不可委以重任，因为他将听任自己的热情爆发使自己处于狂乱状态。"在后来的很多年中，凯恩斯始终被排斥在英国的官方圈子之外。

《和约的经济后果》一书主要讨论了三个问题：第一，英、法两国战后对德国和奥地利的处理如果宽宏大量，那么将会是正确和恰当的。第二，英、法等战胜国要求战争赔偿的总额超过了战败国实际可行的范围。第三，欧洲面临的经济问题远比疆界等政治问题要严重得多。凯恩斯为此设计了他自己认为可行的战后合约，包括由国际联盟来处理领土问题，德国的现金赔偿不超过15亿英镑，成立欧洲自由贸易联盟等。

凯恩斯的设想至今看起来还富有先见之明。然而他的意见一个也没有被采纳。凯恩斯对于现状深感失望，他悲观地认为："人类的历史还从来没有像现在这样，人类灵魂中的普世的火花已经快要熄灭。"不出凯恩斯所料，仅仅20年后，德国便在希特勒的指挥下发动了一场报复性的更为血腥的战争，欧洲也再一次地陷入动荡不安和风雨飘摇之中。

凯恩斯未来的道路随着《和约的经济后果》出版得以显现出来，在这之前他并不知道自己一生的贡献将会在哪个领域，也没有人料到会是在经济理论方面。在《和约的经济后果》中凯恩斯提出了一种革命性的观点，即经济学应当主导和平，而不是和平时需要一场经济学的革命。

旧世界的精英们留下的百废待兴之局面，看来正需要一群新的开拓者去接管和清理。

3.2 前半生的力作

> 她好比一个 16 岁的少女，自己有的是天然迷人的姿色，
>
> 为了去赴跳舞会，一时疯狂，竟涂脂抹粉，
>
> 不但不美，反而掩盖了她天赋的姿容。
>
> ——司汤达《红与黑》

自从第一次世界大战以来，英国就一直未能完全恢复元气。1923年英国的失业率为10%，而且在整个20世纪20年代这个数字高居不下。当时的经济学界对于这样的现实毫无解决办法。大多数经济学家相信只要随着通货紧缩得到有效缓解，国际贸易恢复正常，那么失业率就会自然下降。因此凯恩斯也开始期待通过对货币理论与信贷周期变化的研究来设计出一种最优化的金融政策，从而使经济避免出现通货紧缩或者膨胀的状况。

1924年凯恩斯开始独立地写作《货币论》。经过6年的努力，《货币论》终于在1930年12月以两卷本的形式出版面世。这部著作集合了凯恩斯在货币研究领域知识的大成。书中既有严格的定义，又进行了明确的分类；既不缺乏长篇的理论分析，也做了历史的回顾。凯恩斯为这部作品耗去了6年的时光，他或许一开始就希望该书将来成为长期的理论标准。然而不幸的是，《货币论》放大了凯恩斯作为经济学家的局限性，又没能充分地发挥出他作为思想家的独创精神。因此这本著作自出版以来发行量远不及凯恩斯当初撰写时所设想得那么大。

尽管如此，凯恩斯在《货币论》中关于货币的思考仍然具有重要的价值。《货币论》的中心主题是一个国家的利率因为捍卫汇率的需要而被迫提高，同时生产者又不能通过降低生产成本来获得利润，从而整个经济陷入低就业率的水平。这就是凯恩斯对于英国20世纪20年代的失业难题所做的学术解释。他的理论建立在所谓投资与储蓄两

者截然不同的基础之上。凯恩斯认为投资与储蓄的决策通常由社会中不同集团的人做出。储蓄提供投资所需要的全部金钱，旧有的经济理论坚信个人的储蓄会正常地转化为投资，从而使投资的总额与储蓄的总量相等。凯恩斯则确信此两者不一定要相等，只要投资超过储蓄，经济繁荣就将接踵而来。反之，如果储蓄出现过剩，经济必然出现萧条和大规模的失业。

因此在英国恢复金本位体制后，英格兰银行无法将利率定在足够低的水平，使社会投资总额同储蓄水平相当，这样导致了大规模失业的产生。除非使投资价值的提高与银行利率的降低同时起作用，否则投资的总量是不会自动增加的。

凯恩斯对于储蓄自动地转化为投资抱有极大的怀疑，他认为节约既可以是一种美德，也可能成为恶行。节俭的善与恶应视经济的状况而定。纵观历史，凯恩斯赞成节俭并非人类的主要美德。他在《货币论》中写道：

人们常常以为，世界上财富的积聚是由于一些人自愿地放弃即时消费的享受而实行自我禁欲的结果。但我们必须明白，光靠禁欲是不够的，它不足以建设城市或清理沼泽地……只有"企业家精神"才能搞建设和增加世界财富……只要"企业家精神"仍然充满活力，不管人们是否节俭，财富照样会增加。如果"企业家精神"萎靡不振，不管人们如何节俭，财富都会下降。因此，节俭也许是"企业家精神"的仆佣和护士，但也未必，并且在一般情况下可能两者都不是。因为企业家精神同节俭的关系并不是直接的，而是间接的；连接它们的纽带往往不存在，因为推动企业家精神的引擎不是节俭，而是利润。

诚然，凯恩斯所解释的经济萧条状况不一定是由银行的利率政策造成的，也可能是由其他非货币性的因素引发，如社会大规模节俭运动、民众的信心崩溃等。然而，凯恩斯仍然渴望金融机构提供足够多的货币来抵消这些不安定的因素。"那些认为金融权力机构应当行使管理价格水平的国家主权的人，并不声称货币供应的种种规定是影响物价水平的唯一因素。只要放进足够的资金，我们就能够保持任何一个所需的货币供应水平。我们承认，一个水库的水位高低取决于很多因素，不仅仅取决于引进多少水。这两种思路实际上是不矛盾的。"

总之，凯恩斯的解决之道对于消除英国大规模的失业状况不起决定性的作用，随着物价止跌回升，通货紧缩缓解，失业率仍然如往常一样糟糕。这种持久的失业现象促使凯恩斯警觉到通货紧缩所产生的后果不仅是暂时的，现有的经济理论可能存在重大的缺陷，凯恩斯为此而继续努力奋斗着。

3.3 "神圣"的定律

权威，

人类没有它就无法生存，

可是它所带来的错误竟跟它带来的真理一样多。

——歌德《歌德的格言和感想集》

在凯恩斯的巨作《通论》出版以前，经济学家们大多认同资本主义这台机器在自由放任的状况下运转得最好。1789—1848 年爆发的工业革命被历史学家誉为人类历史自从创造了农业、文字及国家以来最巨大的转变。工业革命导致产品数量呈几何级数地飞速增长，一些人开始担忧它们的销路，希望政府采取一些必要措施来保证人们有足够的收入购买那些产品。法国经济学家萨伊认为这种担心是多余的，认为他所建立的理论已经妥善地解决了一个国家总体上产品出现剩余的难题。

让·巴蒂斯特·萨伊 1767 年出生于法国里昂一个大商人家庭，早年从事经商活动，后去英国深造。1789 年法国大革命爆发，萨伊深受鼓舞，积极响应。但随着雅各宾派的上台执政，由于不满其统治政策，萨伊成为一名反对者。1794—1799 年，萨伊主编了《哲学、文艺和政治旬刊》，并在该杂志发表了众多探讨经济问题的文章。

1803 年，萨伊的代表作《政治经济学概论》出版。这部书旨在用比亚当·斯密的《国民财富的性质和原因的研究》（以下简称《国富论》）更为简短的篇幅更系统地阐述经济学。萨伊的著作获得了很高的赞誉。大卫·李嘉图称赞道：

萨伊先生不但是正确理解和应用斯密的原理的第一个欧洲大陆作家或第一批这种作家中的第一个；和所有其他大陆作家比起来，他尽了更大的力量把这个进步的和有益的学说的原理介绍给欧洲国家，而且成功地把政治经济学这门科学组织得更合逻辑，更能增益人的智慧。此外还以种种议论丰富了它，这些议论又新颖又正确又深奥。

1815 年，萨伊成为法国第一个政治经济学教授。当时英、美许多大学都把他的《政治经济学概论》译本当作教材。

萨伊特别推崇亚当·斯密，是当时欧洲大陆亚当·斯密理论最著名的阐述者和传播者。他坚定地维护私有产权，强烈反对政府干涉经济活动，认为"干涉本身就是坏事"。所以拿破仑在位时，他极不喜欢萨伊的自由放任思想，禁止国内重印萨伊的《政治经济学概论》。直到拿破仑滑铁卢失利遭到流放后，萨伊的作品才得以重印出版。

萨伊在他的《政治经济学概论》中断言："在以产品换钱、钱换产品的两道交换过程中，货币只一瞬间起作用。当交易最后结束时，我们将发觉交易总是以一种货物交换另一种货物。"而作为交换手段的货物又是在生产领域中产生的，所以萨伊说，"生产给产品创造需求"，"单单一种产品的生产，就给其他产品开辟了销路"。

既然产品都是用产品来交换，当然不会出现所有产品同时过剩的现象，只可能发生某种产品的过剩。萨伊对此解释道，"某一种货物之所以过剩……因为别的产品生产太少"，那么这种过剩产品在市场交换中，它的价格必然下降，导致生产商利润减少，同时产量过少的产品由于价格上涨而利润丰厚。这样一来，如果政府不横加干预，资本主义市场自由竞争的机制就会自动发生作用，迅速地使各种产品的需求和供给趋于平衡，从而消除某些产品过剩的现象。

　　这就是著名的萨伊定律。萨伊因此认定："在一切社会，生产者越众多，产品越多样化，产品便销得越快、越多、越广泛，而生产者所得的利润也越大，因为价格总是跟着需求增长。"他大力宣扬对外贸易自由的必要性，确信购买或输入外国货物决不会损害国内的产业。政府激励生产才是英明的政策，一旦实行刺激消费的政策便是愚蠢无知，原因在于其中的困难不是刺激民众的消费愿望，而是提供消费的手段。

　　尽管萨伊定律提出后不断受到来自马尔萨斯、马克思等人的挑战，但是它一直在经济思想中处于统治地位，众多经济学家不加批判地接受这个定律使得对经济周期的研究推迟了几十年，直到凯恩斯的《通论》在1936年出版后才凸显出它的缺陷来。

3.4　先知的轨迹

> 才能存在于悟性之中，
>
> 它常常可以由遗传获得；
>
> 天才把理性和想象力变成行动，
>
> 很少以至于根本没有遗传的可能。
>
> ——塞缪尔·泰勒·柯尔律治《席间闲谈》

　　凯恩斯一生最欣赏的经济学家就是托马斯·马尔萨斯，他与凯恩斯有着惊人相似的经历。1766年2月13日，马尔萨斯出生在英国萨里郡沃顿附近的一座乡村住宅中。幼年的马尔萨斯面目清秀，一双黑眼睛，还长着一头的金发，但他生来就患唇腭裂。这一生理缺陷并没有严重影响到马尔萨斯，他家境富裕，生活无忧。

　　和许多关心自己子女的父亲一样，马尔萨斯的父亲对马尔萨斯的思想和性格产生了诸多的影响，例如父子俩都对文学和科学充满了兴趣和执着的追求，爱好戏剧，喜欢滑冰、打猎。但父亲对马尔萨斯一生最大的影响却在他为马尔萨斯选择的教育上。

　　马尔萨斯少年时代的同龄人大多就读于信奉英国国教的学校，他却根据父亲的安排去了一所信奉新教的学校，并在严格的学业规划下进行学习。马尔萨斯上学时成绩优异，特别在古典文学艺术方面修养极深。然而他生性好斗，曾经与同时代的另一位经济学家争论不休，不打不相识，成为经济学界的一段佳话。

　　1784年马尔萨斯进入剑桥大学耶稣学院深造，4年后以数学专业第9名的成绩毕业。大学时代马尔萨斯已显示出其独特的思考问题的模式。他特别关注各种学术观点的实际应用，在给父亲的信中谈道："我决不会不问所读到的东西的用途和应用，而继续学习下去。相反，我在学院正是因为谈论存在的究竟是什么，或可能有什么实际用途而备受瞩目。"这种思考问题的模式的偏好支配了马尔萨斯终生的学术活动。

　　1798年马尔萨斯匿名出版了他的首部著作《人口原理》，虽然这部作品让马尔萨斯闻名于世，但是对于经济学界而言，他在1820年出版的《政治经济学原理》更有举足轻重的影响。马尔萨斯在书中明确反对萨伊那种供给创造需求的观点，他相信在短期内人类的欲望是易于满足的。

　　既然人们消费的欲望存在局限性，如果生产者一味地不断去生产商品，当消费者的欲望得到充分满足时，他们就会毅然拒绝购买更多的物品。这导致生产者的产品过剩，利润下降，经济由此陷于一种普遍的停滞状态中。马尔萨斯对萨伊定律的疑问在于尽管供给方面的技术进步会保证商品数量的持续增加，可是从哪里出现需求方面的技术进步来保证吸收这些产品的市场?!

　　马尔萨斯从来没有怀疑人类终将需要更多的物品，但是他坚信这种欲望并非想当然。他在《政治经济学原理》一书中写道：

> 人类社会的历史充分表明，对奢侈品和便利设施的有效爱好是能适当地刺激辛勤劳动的那种爱好，不是需要的时候随时就会出现，而像是一株慢慢成长的植物。认为人类会理性地生产和消费他们所能生产和消费的一切，并且人类将永远不会贪图怠惰而不爱勤劳所带来的报酬，这种见解是极其错误的。

既然出现产品过剩的关键原因是短期内人们的消费需求饱和，马尔萨斯采取的解决途径自然是如何在短期内提高人们的消费欲望。他建议政府向工人再分配收入。因为工人在花钱方面总比资本家所遇到的困难相对小一些。但是政治上的考虑使马尔萨斯更倾向于一个规模巨大的"非生产性消费者"集团的存在，即这些消费者有稳定的收入，却不生产供应市场的产品。例如数量庞大的军队就是能带来需求而不增加市场供给的一个好例子。马尔萨斯提出的最后一种办法是创造新的消费需求。马尔萨斯发现开辟新的市场有极大的好处，在于将会引进新的商品，从而刺激消费者的购买欲望。

马尔萨斯被凯恩斯奉为英国经济学"真实传统"的创始人，他称赞马尔萨斯能将直觉和规范原则结合起来分析事件：在18世纪末期，马尔萨斯把工人阶级的悲惨生活看成由他们的低生活水平所造成的。在滑铁卢战役以后的那些年里，他认为工人的贫困是由失业问题造成的。作为经济学家，他在这两个问题上所做的经济分析是成功的。对第一个问题，他提出了人口理论来加以解决。在他的后半生，他都专注于战争以后的失业问题。他找到的解释是他所称的"有效需求不足"。为了医治这个"病"，他呼吁公共消费的精神：公共工程项目和经济扩张政策。

凯恩斯相信："假如19世纪的经济学的根基是马尔萨斯而不是李嘉图，我们今天的世界将更加明智和富有！"

3.5　巨作的诞生

> 丰功伟绩都是从点点滴滴做起的。
>
> ——培根《随笔集》

1929年随着美国股票市场的崩盘，全世界都陷入了经济大萧条的噩梦之中。然而凯恩斯却拒绝把这次经济危机看成资本主义的最后危机。他不断对外强调目前的经济状况"只是让人生畏的一笔糊涂账，是过渡性的、不必要的混乱状态"。凯恩斯通过演讲告诉民众经济复苏的障碍不在于物质方面，而是在于"那些身居高位的人们的脑子里，也就是说，在于他们掌握知识的程度、判断能力和理念"。

1932年年初凯恩斯开始撰写他的著作《通论》。和过去写作《货币论》不同，这时凯恩斯手头上已有了许多人对《货币论》的批评，不仅如此，在《通论》成书以前，凯恩斯将初稿广泛地散发给同行去征求他们的意见。他力求尽善尽美，虚怀若谷地接受种种建议，不辞辛苦地对所提出的疑点进行详尽的解答。凡是出现歧义的地方，凯恩斯不惜以长篇论述来令批评者心悦诚服。最为重要的是，这时凯恩斯拥有了一个强而有力的研究生小组。理查德·卡恩和琼·罗宾逊成为重要的顶梁柱和坚强的后盾。他们完全理解凯恩斯的意图，因此使他满怀信心。1932年到1933年凯恩斯在剑桥开始了他两个系列共八次的授课，标志着凯恩斯革命的正式启动。

1936年2月4日《通论》正式出版，它立刻成为一部让读者着迷的著作，既简洁微妙，又艰涩深奥。它把对未来的预测与严格的科学方法良好地结合起来，展现了在就业不足条件下经济达到均衡状态的可能性。凯恩斯新理论的核心是关于社会总产出与社会总就业的理论，他是第一位从社会总产出的角度来思考经济问题的经济学家。这种对国民经济结构的新看法是《通论》最有价值的遗产。

凯恩斯在书中阐明了一个基本的论点：就业有赖于有效需求。

所谓有效需求即指生产者对他们决定所提供的就业岗位数量能够带来多少收入的预期值。凯恩斯相信："如果财政部把纸币塞进旧瓶子里，把这些瓶子埋在废弃的矿井里的适当深度之下，用垃圾来把这些矿井填平，然后转交给私人企业，让它用久经考验的'自由放任主义'的原则去挖掘这些瓶子……我们将没有任何失业。"

对于凯恩斯如何领悟到他的有效需求新理论，他对此解释道："创造性的思想在一开始是脑子里的灰色的、模糊的和头绪纷乱的怪物。在思想发展的后期才能找到精确的语言来描述它。你能够精确有效地思考问题，但要用所谓'照相'把你的思想记录下来则要花更长的时间。"

在《通论》的第3和第4部分，凯恩斯着重讨论了消费需求、投资需求和利息，因为这些变量决定了社会总产出和总就业的水平。凯恩斯发现消费相对于收入而言更加稳定，一旦消费成为定量，那么通过收入上升或者下降多少，就能消除储蓄与投资之间的缺口。这是该部著作中对于政府政策制定最有用的内容，它向政府表明需要额外支出多少才能解决失业问题，或者减少多少才能有效地降低通货膨胀率。

《通论》第12章被许多经济学家称为凯恩斯革命的枢纽，凯恩斯一面批评资本主义，"当一个国家的资本开发成为一种赌场的附加活动时，这种对经济的管理工作就做得很差劲"。另一方面，凯恩斯认为"对现代世界经济生活损害很大的是信心危机，而治疗这种危机的唯一激进的办法是使个人在消费掉自己的收入和订购某个特定资本商品生产之间没有选择的余地"。凯恩斯由此得出更加明确的结论：政府应当在直接组织投资方面承担更大的责任。

凯恩斯这部划时代的巨作发行引发了一场经济学界的大论战，全世界的媒体对它都做了大量的评论。虽然人们各执一词，但是没有任何一个人忽视这部作品。尽管它常常淹没在大量的迷宫和悖论之中，然而正如经济学家庇古所言："我们看到了一位神射手瞄准月亮射箭，不论我们对此人的击中目标的能力持有何种态度，我们都欣赏这位射手的射箭艺术。"

3.6 最后的肖像

> 有两种东西，
>
> 我对它们的思考越是深沉和持久，
>
> 它们在我心灵中唤起的惊奇和敬畏就会日新月异，不断增长，
>
> 这就是我头上的星空与心中的道德定律。
>
> ——康德《实践理性批判》

第二次世界大战结束后，1946 年 2 月 19 日，凯恩斯被任命为国际货币组织和世界银行的英方董事，并为这两个组织的开幕活动积极做准备。但是不幸的是，凯恩斯的身体不久就出现了问题。4 月 21 日，星期日，清晨凯恩斯母亲听到他的房间里传出咳嗽的声音，于是连忙出去找凯恩斯的夫人莉迪亚，莉迪亚很快就赶到。凯恩斯之前发作过多次的心脏病再次发作，但这一次却是致命的。凯恩斯在几分钟内离开了人世，他去世时神态十分安详。

凯恩斯是英国爱德华时代的乐观主义者，他自信社会自动进步的过程会给人们提供越来越多的机会，让更多的人过上更加幸福美满的生活。以往大多数的经济学家们以为只要让人们的物质生活得到改善，对他们来说就是有益的。然而凯恩斯坚持认为，经济发展只有在当它能够使人们在道德上得到改善时，才算是正当的事业。或许从凯恩斯的某种角度来看，经济学应当与伦理学携手并进。凯恩斯一生之所以转向经济理论的创造恰恰由于先前的经济理论已经不能解释正发生的事件。和其他在剑桥接受学术训练的经济学家一样，凯恩斯受到经济学的吸引的主要原因是他渴望在未来能为改善这个世界做出自己的贡献。

同许多雄心勃勃的人一样，凯恩斯也常常思考如何才能成为伟

人，以及伟人应该具备什么样的素质。他通过撰写名人传记来思考和描述经济学和科学上的天才的个性特征。凯恩斯对伟人素质的界定反映在他不断重复使用的几个概念中——神灵般的直觉、非凡的持续的自省能力、逻辑分析能力、理论结合实际的特殊才能等，这些就是凯恩斯最尊崇和最期望拥有的素质，并且他认为这些是成为一个伟大的经济学家的先决条件。

凯恩斯确信经济学："这是一种很容易的学科，但很少有人能够表现优异……对这个悖论的解释在于，一个伟大的经济学家必须是多种天资的组合……他必须是数学家、历史学家、政治家和哲学家——至少从某种意义上来说，他还必须同艺术家那样既超然又不被人收买，但有时又如同政治家那样离现实世界非常近。"

凯恩斯对于古典理论关于稀缺资源种种不同的配置方法以及竞争性的市场机制并不反对，他认为市场机制仍然是获得最佳资源的强有力工具，即使在凯恩斯最激进的理论中，他也仍然执着地进行新理论与古典理论的调和。

凯恩斯对经济学使用数学方法一直持怀疑态度，而且随着年龄的增长，这种怀疑日益加深。这是因为他越来越开始理解社会生活的复杂性和不确定性。然而凯恩斯在试图抓住重要理论模式的要点上绝不退缩，他相信人类生活越复杂、越不确定，就越需要建立一些简单明了的理论模式来准备解释随时出现的经济事件。凯恩斯认为成功的经济学推理的基础是直觉和论辩能力，他相信一个科学家的直觉应当像艺术家的直觉一样受到同等尊重。直觉是一种特殊的人才拥有的知识，而且只有通过与现实的直接接触才能得到。人们不应该过早地将直觉扼杀。凯恩斯的这种态度使他成为一名极其成功的教师，他在课堂上与学生平等相处，给予学生充分的言论自由。

凯恩斯属于最后一代声称能够以文化的名义而不是以专业知识的名义指导社会前进的人。他经常以一个布道者的口吻，对世界发表自己的看法。他留下了大量精心写作的作品。他选择玩"学术游戏"，因为他确实喜欢它。凯恩斯的文章和著作充满了暗示，只有敏锐的人才能感受到。

　　凯恩斯在许多方面都展现出了才能，但在任何一方面都不特别突出，他是一个奇妙的多面手、一个让人感到很有吸引力的角色、一个伟大的天才和思想家。

04 | 传统与革命：走在
理想与现实之间

4.1 质疑传统

> 如果你不比别人干得多，
> 你的价值也就不会比别人更高。
>
> ——塞万提斯

经济学在刚刚诞生的时候，主要讨论财富的性质及形成。伟大的经济学奠基人亚当·斯密在1776年出版了他流传后世的名著《国富论》，在这本书里，斯密把国民收入的创造归结为劳动分工和市场的扩大。

他在《国富论》一开始就说："劳动生产力最大的改进，以及劳动在任何地方运作或应用中所体现的技能、熟练和判断的大部分，似乎都是劳动分工的结果。"他通过考察在制针业中劳动分工的具体运作，说明了这个道理：一个人如果以一己之力独自完成所有的工序，那么一天可能一枚针都制造不出来，然而若实行分工，则一天下来平均每人可以制作四五千枚针，生产力实在不可同日而语。

亚当·斯密的这本名著最早被引入中国的时候，严复先生把它译为《原富》。"原"是探究的意思，这是一个很传神的译法，非常符合亚当·斯密的原意。但是，遗憾的是，在主流的经济学发展过程中，这一主题竟然在很长时间内被忽略了，这主要是由英国另外一位伟大的经济学家李嘉图所造成的。

李嘉图在很长时间内被当作亚当·斯密思想在英国的继承者。他曾公开表示，他对一国国民收入的决定因素不感兴趣，而主要关心国民收入的分配。李嘉图本人对财富的分配理论见解是很独到的，他一生的论敌也是好友——马尔萨斯不同意他的观点。1820年李嘉图给马尔萨斯写信说："你认为，政治经济学是对财富的性质和来源的研究——我认为，它应该研究各个阶级如何瓜分他们共同创造的社会产品的规律。""每一天，我都更加确信：前者的研究是徒劳的，而只有后者才是经济科学的真正目的。"考虑到当时的英国社会，第一次工业革命已经宣告一个段落，财富分配问题变得非常突出，李嘉图的这一研究取向是有其时代背景的。由于李嘉图不认为经济学能够对国民收入的决定规律做出贡献，导致后来的经济学传统在处理就业量问题上过于简单化。这就是凯恩斯所谓的"古典学派"。

凯恩斯之前的经济学，也就是所谓的"古典学派"的就业理论有两个前提。

一是工资等于劳动的边际产品。意思是说，一个就业的人所得到的工资，一定等于公司多雇用他一个所能带来的总产品的增加量。但是，这个前提有着严格的对市场的假设条件，那就是市场必须是完全竞争的。完全竞争市场是一种理想的经济状态，在这个市场上，有无数的买者和卖者，他们都不能影响价格，因此都是价格的接受者；同时，人们对有关生产和消费的所有消息都无不知晓；产品也是完全相同的。如果市场或竞争不满足这些条件，二者的相等就会遭到破坏。

二是当就业的数量一定时，工资的效用要等于该就业数量时的边际负效用。意思是说，每个人参加工作，是因为工资带给他的满足，正好和劳动带给他的痛苦相抵消；否则，他不会参加工作，而自愿失业。第二个前提还说明，这种失业与摩擦性失业并不矛盾，后者是说人们总会遇到各种各样的预想不到的因素，总会存在一些正在转换工作的人；同时，由于工会的存在以及有关法律的约束，人们会拒绝接受当前工资水平下的工作。这样，处于摩擦性失业和自愿失业中的工人，就构成了所有的失业人员。

如此一来，如果要减少失业现象的发生，就只有四种方法：

（1）改善政府的就业信息服务功能，减少摩擦性失业；

（2）减少劳动带给工人的痛苦，增加工作的舒适度，也就是变相地提高实际工资水平，这会减少自愿失业；

（3）提高工人所需的生活物品生产部门的劳动生产率，使得生活物品变得更为低廉，即提高工人实际工资；

（4）提高非日常生活用品的价格，这会使得资本家更愿意投资进行生产，而不是消费，从而提高对工人劳动的需要，抬高工资。

这就是凯恩斯所说的古典学派的就业理论，它集中体现在庇古教授的《失业论》里。然而，凯恩斯说道，实际上还存在第三类失业，古典经济学完全把它忽略了。正是这一忽略，使得古典经济学只能被当作一种特殊情况，而不是普遍的情形，这也是凯恩斯把他的书称为"通论"的原因。

那么，它是什么呢？

4.2 第三类失业

> 我们看到了一位神射手瞄准月亮射箭，
>
> 不论我们对此人的击中目标的能力持有何种态度，
>
> 我们都欣赏这位射手的射箭艺术。
>
> ——A.C.庇古关于《通论》的书评

　　凯恩斯认为他之前的经济学错了，至少失之全面和真实。但是，以A.C.庇古为首的被凯恩斯批评的经济学家，并不认为凯恩斯真的切中要害。庇古是著名的剑桥经济学鼻祖马歇尔的嫡传弟子和教授职位继承人，他还曾这样用讥讽的口吻说："凯恩斯先生认为他对经济学所做的正像爱因斯坦对物理学所做的那样，爱因斯坦开拓了一个意义深远而广阔的领域，在这种架构下，牛顿的发现就可视为一个特例。但他宣布自己的发现时，并没有注意到自己的言辞，把牛顿及其追随者称为一群无能之辈。"

　　庇古将爱因斯坦和牛顿的发现作为比喻，非常符合凯恩斯心目中对古典就业理论的看法。他认为过去的人太把就业市场理想化了，他们把一种非常罕见的特殊情况当成了一般情形。因为在真实的世界里，我们总是看到很多人因为经济形势的变化，徘徊在就业门槛附近，一不小心就掉进了失业的大军里。经济学家无论如何都不能对这样的现象视而不见。

　　如果有人愿意接受现在的工资水平，但是他仍然无法找到工作，那么这个人就不再是古典学派所能解释的，他便属于第三类失业。我们已经知道，古典学派认为就业量应该使得工资水平等于增加投入一个工人所带来的总产量的增加量。这也是说，就业量应该是工人的劳动供给和企业的劳动需求相等时的均衡量。这一点，凯恩斯并不反对，他所反对的是古典学派的第二个假设前提：实际工资等于劳动的边际负效用。凯恩斯说，现实世界里存在第三类失业，那就是非自愿失业。凯恩斯提出了两点理由：

　　第一，人们的就业到底是受其货币工资影响，还是受实际工资影响？

　　这里，我们先定义一下货币工资和实际工资。货币工资是指工资的名义值，发给你多少钱就是多少钱，不问购买力。实际工资是指货币工资除以物价指数所得到的结果，即拿那些发给你的钱所能买到的东西。举个例子：你上个月月薪100元，可以买200个馒头；但是这

48

个月馒头涨价，你只能买到100个馒头了。虽然你的货币工资数量没有变，但是你的货币工资实际购买能力下降了。

事实上，货币工资不变而物价上涨时，工人们并不会辞职不干；物价不变而货币工资下降，与前者比起来，工人们的反应大不一样。

第1章我们所看到的美国大萧条期间存在大量失业，已经说明劳动者不是嫌工资太低而失业，而是根本无法找到工作。凯恩斯的这一思想被后人所发展，认为劳动者具有"货币幻觉"。"货币幻觉"这一假设意味着劳动者之所以不能做到实际工资和劳动的边际负效用相等，原因不是他们不愿意这样做，而是由于他们受到了货币的欺骗。人们的心理往往更为关注到手的货币是多少，而不够关心这些货币的购买能力是否已经发生变化。这样一来，凯恩斯认为："如果劳动的供给函数不把实际工资作为它的唯一的自变量，那么，古典学派的论点就会完全崩溃，从而使实际的就业量不能得以确定。"

第二，劳动者无法控制物价的起伏。凯恩斯认为，现行的货币工资很难准确地衡量劳动者的边际负效用，也就是劳动者为付出劳动而感受到的痛苦。工人与企业主之间的工资协议主要是针对货币工资的，这并不一定直接决定实际工资的一般水平，而实际工资取决于物价和货币工资，工人无法控制物价，也很难预期物价的真实变化，所以他们自己也很难知道实际工资水平到底应为多少。只要劳动力的整体无法按照实际工资水平任意地调节自己的就业量，也就是说，劳动者不能使其取得货币报酬来正好弥补现行的就业量的边际负效用，即劳动带来的痛苦，那么古典学派的就业理论就不成立了。这是凯恩斯关于就业理论的主要论点。

凯恩斯说，对于我们生活于其中的经济制度在这一方面的运行，我们一向存在根本性的误解。当失业来临之际，经济学家告诉我们，经济学虽然无法让我们避免失业，却可以让我们知道自己为什么失业。在凯恩斯之前，经济学家是没有这份自豪的，是凯恩斯给了经济学家这种幽默的底气。

4.3 反对削减工资！

> 当我们做对了，没有人会记得；
>
> 当我们做错了，没有人会忘记！
>
> ——美国华盛顿国立气象研究所

经济危机到来时，就会出现大量失业。古典学派往往认为，由于市场这只"看不见的手"所起的作用，经济本身会进行自我调节，使得这个社会逐渐恢复到原来充分就业的状态。古典经济学家对工会等组织似乎有着近乎天然的敌意。他们声称，正是资本主义的工会组织利用了其在工人中的垄断地位，人为地把实际工资规定得过高，导致市场供求的自行调节很困难，无法充分发挥市场"看不见的手"的功能，导致失业现象变得越来越严重。既然高工资是造成失业的罪魁祸首，那么解决办法只能是实际工资的削减了。

在20世纪30年代，持有这样极端观点的大经济学家不乏其人。凯恩斯的师长辈如庇古、朋辈如英国财政部的霍特里，以及哈佛大学的著名经济学家熊彼特，都持有这样的观点。遥想当年，大批工人失业，饥寒交迫，冻饿而死，无人问津，经济学家即便出于任何一种真诚的动机，也不能掩盖他们在理论解释力和现实应用上的无能。

对此，凯恩斯虽然并不一定对劳动者抱有深刻的同情，但是他一向"不认为文明是建立在个人和少数人意志之上的摇摇欲坠的大厦，而只能以苛条酷律和阴谋诡计来维持下去。我们对传统的智慧和习俗的桎梏心存大不敬"。

他反对削减实际工资，并提出了自己的反对意见。首先，削减实际工资，会受到劳动者的抵抗。这就是所谓的工资具有向下的"刚性"。其次，凯恩斯认为，削减实际工资必须通过货币工资的削减来完成。然而，削减一个企业的工资水平对整个经济来说，并不会起到什么作用；可是，如果全体劳动者的货币工资都削减，会引起全社会的购买能力下降，这样物价也跟着做出调整，按同样的比例下降。结果是，整个社会的实际工资仍然保持在原来的水平，削减工资的努力就破产了。

因此，解决危机的办法绝不是如传统的方法那样，削减工人工资，因为此时有如此众多的失业者愿意接受低工资，削减工资并不能提供更多的就业机会。削减工资会引起劳动者对企业家的对抗，激化矛盾，反而增加了问题解决的难度；同时，在操作上也没有可行性。

那么，我们该使用什么样的办法来解决失业问题呢？整本《通论》正是从理论上来回答这一问题的。

4.4　击破鲁滨孙世界的乐观

> 我种植和收获了我的大麦和小麦；
>
> 我采来野葡萄，把它们晒成很有营养的葡萄干；
>
> 我饲养温驯的山羊，然后杀了吃，又熏又腌的。
>
> 由于食物这样多种多样，供应还算不差。
>
> 如此过了12个年头，
>
> 其间，岛上除了我本人之外，
>
> 我从来没见到过一个人迹。
>
> ——丹尼尔·笛福《鲁滨孙漂流记》

自萨伊和李嘉图时代以来，古典经济学家几乎是知识界最乐观的人。他们不但坚信，而且不断宣扬着后人所谓的"萨伊定律"：供给自动创造着自己的需求。凯恩斯认为，古典经济学之所以在就业理论方面有着这样的错误，正是由他们的这一隐含信条决定的。他引用古典经济学的集大成者约翰·斯图亚特·穆勒在《政治经济学原理》一书中的话，来证实这一点。

构成对商品支付手段的，只是商品。每个人用以支付其他人的产品的手段，就是他自己所拥有的商品。就字义而言，所有卖者必然也就是买者。如果一个国家的生产力骤然提高一倍，则所有商品的供给也应该增加一倍；同时，购买力也要增加一倍。每个人的供给量与需求量都倍于往昔；每个人能加倍地购买，是因为每个人在交换中能够加倍地提供。

穆勒的这本书出版于19世纪中期，风行全世界大半个世纪，几乎构成了西方世界知识界对经济认识的总结。此书直到马歇尔的《经济学原理》在1890年出版之后，才逐渐被取代。穆勒的这段话，告诉我们购买商品的同时也是在售卖商品，因为我们用来支付给别人的东西，正是我们的商品。这就好像非常原始的没有货币的经济，每个人抱着自己家的东西来换别人的东西，我抱着一只鸭，换你家一只鸡，而且还假定所有的交换都可以这样完成。

如此一来，我们可以自然这样推导：如果某人很节俭，牺牲当前的消费，那么由于这种消费上的节制所释放出来的同等数量的劳动和商品，不再用于供给消费，要用于生产资本财富所做的投资。虽然马歇尔的书在分析范式上取代了穆勒的《政治经济学原理》，但在这一问题上，他同属凯恩斯所定义的古典学派之列。马歇尔说：

一个人全部的收入，是用来购买服务和商品的。人们常说，一个人花费他所得的一部分，另外一部分作为储蓄。但是经济学上有一个大家熟知的公理，那就是一个人用他储蓄的那部分所得来购买劳务和商品，和他用消费的那部分所得来购买，并没有什么不同。当他想从他所买进的劳务和商品中获得目前的享受时，我们说他在消费。当他促使他所买进的劳动和商品用于财富的生产，想以此作为获得未来享受的手段时，我们说他在储蓄。

马歇尔的这些话似乎语义晦涩，意思却和穆勒的也差不多少，虽然很多经济学家可能不大乐意接受穆勒的陈旧阐述，但对于穆勒学说的前提并不怀疑。马歇尔这里给出的意思其实就是一条：储蓄是未来的消费，投资是储蓄在当前的表现，几乎不存在这当中的转换问题。也就是说，储蓄不用转化为投资，自然而然就是投资了。所以，凯恩斯说，这是古典学派全部理论的基础，没有它，古典学派就会崩溃。在古典学派的眼里，货币不但没有用，反而让人觉得厌烦，他们对待货币总是像穆勒一样，敷衍塞责一番。

现在，那些经济学家们可以放心地自我陶醉了。他们设想的经济体系，就是笛福的著名小说《鲁滨孙漂流记》中的主人公鲁滨孙·克鲁索生活的世界：个人的所得全由生产活动而来，所消费或所保存的只是他自己生产的实物。古典学派把他们从鲁滨孙·克鲁索经济体系中得来的结论，错误地搬到现实经济体系中来应用，凯恩斯认为，这是古典学派谬误的第一种解释。此外，还在于我们平时的一种误解，我们总认为社会各分子在一种生产活动中所得到的收入，总数应该恰好等于生产的产品总值。如此而论，个人的储蓄行为必然引起平行的投资行为，因为潜在的意思在于：个人财富的增加之和，应恰好等于社会财富的净增加值。

人们在消费之时，决定他进行消费的心理动机，与人们忍受当前不消费之苦而等待未来的更大消费时的动机，并不相同。古典学派在这一点上，显然对真实世界所涉不真，他们搞错了。

总结一下，凯恩斯批评的古典学派理论，错在以下三点：第一，工资等于现行就业量的边际负效用；第二，严格意义下的非自愿失业并不存在；第三，供给会自己创造自己的需求。古典学派的经济世界一片安详，没有波动，没有扭曲，一个描述工业革命后经济体系的理论，却展现着一幅前工业社会的图景。

4.5 有效需求原理

> 政府的当务之急,
>
> 不是要去做那些人们已经在做的事,
>
> 无论结果是好一点还是坏一点;
>
> 而是要去做那些迄今为止还根本不曾为人们付诸行动的事情。
>
> ——约翰·梅纳德·凯恩斯《自由放任的终结》

萨伊定律既然被历史和现实证明是站不住脚的,那么,真正的规律又是什么呢?凯恩斯提出了著名的有效需求理论。这一理论有着特别重要的意义,它经历了多次失败,最后由凯恩斯发起对萨伊定律的攻击后才深印人心。

为了说明理论,我们必须首先构建一些基本的概念,其中对于本部分来说,最为基本的就是总供给和总需求函数。函数描述的是变量与变量之间的关系,根据一定的对应法则,自变量的变化会带来因变量的相应变化,一般而言,自变量总会对应着一个因变量,这就是函数关系。

在凯恩斯的总供给函数里,就业量是自变量,如果就业量发生变动,那么全社会的企业生产出来的产品就会增加,也就是说,企业卖给最终消费者的商品所得,就大致等于一个社会的整体国民收入。

这笔企业所得,等于全体企业为了生产商品而支付的生产要素成本加上所有企业的利润。前者也即工资、租金和利息之和,对劳动的使用要支付工资,对土地和大型设备、厂房的使用要计算租金,对资金的使用要支付利息。企业的生产当然不只是受到劳动这一种要素的影响,所以,自变量是很多的,但是短期来看,其他的生产投入似乎不一定有劳动的增减那么快。因为根据我们上面的结论,经济中时常会存在非自愿失业、资源没有得到充分的利用这样的情况。

在凯恩斯的总需求函数里,就业量也是自变量。作为因变量的总需求则是指用来购买前面所说那些企业商品的货款支付。那么，如果总供给和总需求相等，这个就业量就相等，我们可以把它称为均衡的就业量。我们现在可以知道什么是有效需求了：当就业量为均衡就业量时，如果生产出来的商品卖掉后得到的钱，全部都回过来再次到社会上进行购买，那么这个购买的款项就是有效需求。这话似乎有些难懂，简短地说，有效需求就是能使社会中总供给和总需求相等的国民收入。这个国民收入就是均衡的国民收入。

根据这个理论，凯恩斯对萨伊定律展开了具体的抨击。他说，传统的学者相信萨伊定律，就是认为总供给方面的力量总是与总需求方面的力量相抗衡，二者总能在充分就业的点上相交，所有均衡就业量都是充分就业的数量。事实上，根据凯恩斯的有效需求原理，我们可以认识到，这个均衡就业量未必是充分就业时的数量，也可以小于甚至大于充分就业时的数量，就看总供给和总需求力量之短长了。凯恩斯说，传统的理论仅解释了一例，有效需求原理才是一般的"通论"。

在这里，我们为了给凯恩斯假想的对手们一个舞台，呼应前文，也对他们的这种理论做一个辩护。凯恩斯的有效需求理论直接指向萨伊、大卫·李嘉图、詹姆斯·穆勒和约翰·穆勒等古典经济学大家，并不是这些大人物都错得如此离谱，而是因为这个所谓"萨伊定律"大都以已过时的社会为对象。在这个社会中，绝大多数的生产者都是典型的自我雇佣的个体所有者，不论其为农民还是工匠。他们或者出产农作物，或者制造产品，而以其产品的销售获得其收入。所谓"就业"，简单地说，也就是经营一个农场或者开一个工厂，然后把他自己的产品出卖给市场。销售所得直接用于购买生产工具、房屋以及消费品。这就当然意味着储蓄也是投资，而不是两个不同的单独的过程。生产者出售他的产品，而不是出卖他的劳动。生产者的人数越多，市场的规模就越大。产品与产品相交换；供给创造它本身的需要。

但是，时至今日，这种说法已经和现代经济不相符合了。在现代经济中，储蓄和投资的职能迥异，就业要在劳动市场中去寻找而不靠开办一个手工工场。萨伊定律的旧公式显然已经不适用于今天的社会了。另一方面，庇古引用萨伊定律，意在说明在自由竞争体制下，这个经济的趋向是在劳动市场中提供充分就业。他的意思是说，不管需求的状态到底怎么样，只要能够进行工资的调整，就会有朝向充分就业发展的趋势。这个假设实在是太远离真实了。

有效需求理论就是反对这种已然远去的经济状态，或者反对这种想象出来的经济状态。凯恩斯一生都游走在理论界和实业界之间，这一理论的提出是经济学逼近现实的一步，它催生了今天蔚为大观的"宏观经济学"。

4.6 革命何在？

56

> 亲爱的布鲁特斯，
>
> 错误并不在于命运，
>
> 而在于我们自己。
>
> ——威廉·莎士比亚《裘力斯·凯撒》

20世纪30年代严酷的大萧条，使传统经济学几乎遭受了灭顶之灾，一时间，如琼·罗宾逊所说，各种奇怪的学说纷至沓来。然而，随着时间的推移，其他那些经济思想都在舞台上消失了，而凯恩斯的经济学却擢升到正统地位。人们称凯恩斯开启了一场经济学的革命。那么，这场革命的内涵是什么？本书中的哪些内容够得上革命的标准？

可以肯定的是，凯恩斯看到了自工业革命以来，私人企业制度在自由放任条件下的弊端，看到了资源不可能在自由放任条件下得到充分利用。他写道：我们生存其中的经济社会，其显著缺点，乃在不能提供充分就业，以及财富与所得之分配有欠公平合理。

凯恩斯认为，在自由放任条件下是难以实现充分就业的。可以说，他认识到资本主义的最主要"症状"是：由分配欠公平引起的总消费不足，由私人投资的盲目性、投机性引起的总投资不足。这两种不足合成社会的有效需求不足，以致不能充分发挥社会已经达到的生产潜力。

从这一认识出发，他认为不能单由私人来决定经济活动的总量，而必须由社会来决定，而一旦总量由社会决定了，总量的具体构成则由私人去决定。他实际上让国家和私人在经济决策上做如下分工：国家决定总的供求平衡，保证充分就业，私人去解决个别商品的供求平衡；由国家决定总产量，由"看不见的手"去决定总产量的具体构成。

《通论》一书构成了凯恩斯革命的纲领，关于这场革命的内容，经济思想史专家张旭昆教授曾经做过很好的总结。我们择要，稍做介绍：

首先，提出了经济学的新的研究课题：各种宏观总量的决定机制，即宏观经济学问题。凯恩斯《通论》出版以前，新古典学派关于宏观经济的论点蕴含在他们的微观分析之中，并没有形成一个独立的与微观分析相并行的研究课题。可以说，《通论》是建立当代宏观经济理论的最重的尝试。

其次，提出有效需求决定收入水平、就业水平的见解。最早提出有效需求对收入水平的决定作用的是马尔萨斯。马尔萨斯在与李嘉图、萨伊等人的论战中，反对萨伊定律，提出有效需求不足会造成暂时性的普遍过剩和长期萧条，造成失业，降低收入水平。但马尔萨斯关于有效需求的观点并没有受到后人的重视。凯恩斯的《通论》可以说是重新发掘了有效需求的概念，给流传一个多世纪的萨伊定律以有力的批驳。

再次，建立消费函数。在古典学派那里，消费是利率的递减函数，利率通过决定储蓄而影响消费。在马尔萨斯那里，虽然有效需求主要是指消费需求，但他并没有把收入水平当作决定消费需求的主要自变量。凯恩斯在《通论》中把收入水平作为决定消费的主要自变量，建立了消费函数，并提出边际消费倾向大于0而小于1，提出边际消费倾向递减规律。这样，消费不足的原因便得到了新的说明。美国经济学家汉森认为，消费函数是凯恩斯对经济理论的重要贡献之一。

最后，节俭有害论。从亚当·斯密一直到马歇尔，认为消费是不利于家庭和国家财富增加的因素，而节俭是美德，并且收入分配的巨大不平等也因其能增加储蓄从而促进资本积累而具有合理性。凯恩斯则认为对一个国家来说，如果处于非充分就业状态，则节俭并非美德，相反会导致贫困。

凯恩斯还具体提出了新的就业理论、利息理论、货币理论和物价理论，这些构成了凯恩斯革命的各个方面。

当然，凯恩斯的经济理论与古典学派的理论并非完全脱离了关系。凯恩斯自己就认为新古典理论并非全无道理，只不过是他《通论》中的一种特例。在分析方法上，凯恩斯也多有得益于传统学派之处。他继承了传统理论重视心理因素的传统，这表现在他对消费倾向、资本的预期收益、商业周期的成因等问题的分析中，边际分析方法、均衡分析方法也是他进行总量分析的工具。

传统与革命之间，并非界限分明、非此即彼的关系；新与旧，是历史的，又是现实的。

05 | 定义与观念：科学即概念的展开

5.1 单位上的统一

当你能衡量你所谈论的东西并能用数字加以表达时，

你才真的对它有了几分了解；

当你还不能衡量、不能用数字来表达它时，

你的了解就是肤浅和不能令人满意的。

这种了解也许是认知的开始，

但在思想上则很难说已经步入了科学的阶段。

——凯尔文勋爵（Lord Kelvin）

凯恩斯开创的宏观经济学，考虑的是总体经济的表现，它不是具体考察一个消费者或者一个厂商的行为，而是要把整体的经济表现作为考察对象，寻找一般性的国民收入决定的规律。在这一切开始之前，凯恩斯必须重新解释有关的定义和概念，因为用他自己的话说，就是使用自己认为顺手的概念，给这些概念注入新的内涵。

凯恩斯经济学的核心问题和整个经济体系的运行有关。但是，在19世纪70年代经济学中的边际革命发生以来，大多数经济学理论都仅涉及单个家庭和厂商的行为，凯恩斯从未充分考虑过从个人或单一商品为基础的基本理论中引申出一个以社会和商品集合为根据的理论。

前者是微观经济学，即价格理论的内容，它通过对个人行为的说明，提供了一套经济内部的关系体系。在该经济中，每一个商品市场上的供给和需求都达到了均衡。在这一过程中，经济中始终存在一个拍卖人，他把所有卖方的信息通知买方，把买方的信息通知卖方，然后再把双方信息汇总，经过不断试错，最终使得买方和卖方达成了一致，整个经济完成了均衡的过程。这就是著名的瓦尔拉斯一般均衡体系。

但是，瓦尔拉斯的这个体系需要涉及上千万个方程式，是一个难以理解的难题。瓦尔拉斯本人都给证明错了！一直到20世纪50年代，才由阿罗和德布鲁用拓扑学的方法给出严格假设条件下的正确证明，两人也因此获得了诺贝尔经济学奖。

然而，凯恩斯的理论并不具有上述个人主义方法论的基础，他更为注重总体，所以，凯恩斯必须要处理几个主要经济变量以及这些变量彼此之间的关系。那么如何度量这些关系，而不是像微观经济学那样仅仅给出变量之间——譬如其他条件不变时，价格上升，需求量会下降——的定性描述呢？凯恩斯需要的是变量之间的精确性关系。正如他所说的一个有趣的比喻：我们说今天的产量大于10年或1年前，但是物价水平比较低，这就好像说，以女王论，维多利亚女王比起伊丽莎白女王来是较好的女王，但是以女人论，则不见得比她快乐。这句话并不是没有意义，也不是没有趣，但是不适合作为数量分析的材料。假使我们想用如此空泛的、非定量的概念作为数量分析的基础，那么我们的精确性就虚有其表。

凯恩斯认为，关于经济学家通常使用的单位，不能让人感到满意。对于经济总量，我们无法比较不同单位组成的总量，比如我们不能把一堂经济学课和一筐鸡蛋彼此相加，所以，学者们往往用表示它们的价值的货币总量加以表示。然而，由于价格经常产生波动，必须对货币总量进行调整。调整的办法有两个：一个是用价格指数；一个是用货币工资单位。所谓货币工资单位，是指单位劳动时间的货币价值。经过调整，原有的货币总量成为以不变的价格表示的货币量或以不变的货币工资单位表示的劳动量。

与现代经济中普遍建立物价指数——如消费者物价指数（CPI）、GDP平减指数——不同，在那个时代，国民收入账户系统还没有建立起来，也难免让凯恩斯有这样的看法：用物价指数来矫正价格总量是一个不准确的方法，并且对于新旧投资品的差别而言，这样会使不准确程度变得更大。同时，凯恩斯认为，建立合适的物价指数在理论上和实际上都太难了。所以，他倾向于使用货币工资单位。事实上，在今天，由于国家经济统计技术的发展，这些问题已然全部或部分得到解决。

虽然凯恩斯对价格指数的批评人所共知，不足为奇，他提出的货币工资单位矫正办法也没有消除前者的缺点，但是凯恩斯的这一思路启迪了后来者。在国民收入账户的建设以及宏观经济方程体系的构建上，凯恩斯深深地影响了后来者——斯通先生和克莱因先生。正是这两位伟大的学者，完成了这一凯恩斯开启的事业，并分别因此而获得诺贝尔经济学奖。

克莱因先生还是著名的《凯恩斯的革命》一书的作者，这本书是他的博士论文。

5.2　现代经济的迂回性与预期的重要性

> 临渊羡鱼，不如退而结网。
>
> ——董仲舒《天人三策》

在现代社会，经济现象纷繁复杂，关于各种产业现象的新闻总能占据我们这个时代媒体的大部分经济版面。如果走进现代工厂，我们会头晕目眩于各种大型的机器，轰隆的机器声几乎成为经济发展的一个标志；走进各种金融机构，我们会被各类复杂的金融衍生品搞得头脑发昏，深觉这个社会如同巨大的经济怪兽，让人不可理喻。这再也不是田园牧歌式的时代了。马克思曾经在《共产党宣言》里这么赞叹资本主义的巨大生产力：

"资产阶级在它不到100年的时间里所创造的生产力，比过去一切世代创造的全部生产力还要多，还要大。自然力的征服，机器的采用，化学在工业和农业中的应用，轮船的行驶，铁路的通行，电报的使用，整个大陆的开垦，河川的通航，仿佛用法术从地下呼唤出的大量人口，——过去哪一个世纪能够料想到有这样的生产力潜伏在社会劳动里呢？"

然而，这么巨大的生产力，如此令人难测的经济巨图，所指向的目的地却是千年以来人们从未变化的需求——消费。

凯恩斯说，一切生产的最终目的都是满足消费者。然而，从最初的大自然，到我们的餐桌、衣柜、房间设施和车库，却有着漫长的过程。这个过程构成了整个经济。在经济学里，有一个名词用来称呼这一过程，那就是"迂回生产"。中国古语说"临渊羡鱼，不如退而结网"，就是这个道理。

假想我们生活在一个只吃鱼的社会，在这个社会里，我们可以选择各种方式从河川中捕鱼，你可以用手，可以用鱼叉，当然也可以使用渔网。要把鱼从河川中捕到我们的餐桌上，当然要考虑捕鱼的手段。我们都知道，渔网捕鱼效率最高，也就是说，生产力水平最高，但是要想捕鱼，你得先制造渔网，于是制造渔网就成为一个产业。制造渔网是一项十分复杂的工作，我们要使用丝线和网坠。前者又需要专门的制作丝线的产业，后者需要的是采矿业和冶铁业——铁匠的工作。于是，一个简单的经济体演化得越来越复杂。

这仅仅是现代经济的一个寓言，却能很好地说明问题。随着整体经济分工水平的提高，在生产者支付产品的成本与消费者最终购买其产品之间，通常会存在时间的间隔，有的时候，这种间隔还很大。那么，这个时候，企业家对未来的预期就显得十分重要了。他们得盘算，在经历一段可能相当长的时期后，当其能向消费者供应物品时，消费者愿意为此花多少钱。就比如说，所有这些采铁矿石的、打铁的、种麻织线的、制网的、捕鱼的，捕了鱼之后，我们这些吃鱼的能给他们多少钱？然而，他们对于这个未来的事情不能像上帝一样全部知晓，他们只能依靠预期，也就是依据他们对未来的猜想。

凯恩斯认为，预期有两种：第一类预期关心的是价格，即生产者预期他制成的产品卖价是多少；第二类预期关心的是将来的收益，即如果一个企业家购买资本设备，他希望这一投资带给他的收益。第一类预期被称为短期预期，第二类预期被称为长期预期。每一个厂家决定其每天产量的行为取决于短期预期，这些短期预期很大程度上又取决于交易的其他方面的长期预期。正是这些预期决定了厂商所提供的就业量。如果预期的前景看好，那么，经历一段准备时间以后，就业量才能达到看好的预期所应达到的水平。如果长期预期前景看坏，资本设备虽不更新，在完全折旧之前仍需继续维持一定的就业量，但之后经济就会陷入困顿。如果长期预期的前景看好，那么就业量最初会偏高，高于在经历一段适应新预期的调整时期后的资本设备所应有的就业量。

当然，经济现实的过渡过程可能十分复杂，因为预期总处于变动之中。在过去的预期还远远没有发挥出它的影响之前，新的预期又会加在过去的预期之上，从而在任何特定时间，经济机器都处于一连串的相互重叠的过程之中，其根源来自过去的各种对前景的预期。

我们经济的繁荣与萧条，看似深不可测，其实却很脆弱，因为这一切都建立在企业家们对未来的猜想之上。尤其是当我们的社会进入到耐用品消费时代，长期预期的重要性尤其显著，关于这个问题，我们还会在后面的章节中遇到。

5.3　收入首先是一种心理感觉

> 收入，是一连串的事件。
> ——欧文·费雪《利息理论》

　　在引入凯恩斯的收入概念以前，我们先来看看经济学家们是如何理解收入的。在这个方面，20世纪美国伟大的经济学家欧文·费雪可以说是独得真意。这是一个甚为凯恩斯所推重的经济学家。

64

　　欧文·费雪（Irving Fisher，1867—1947），1867年生于美国纽约州一个贫苦家庭，1890年开始在耶鲁大学任数学教师，1898年获得哲学博士学位，同年专任经济学教授。1929年他曾与熊彼特以及后来第一届诺贝尔经济学奖得主丁伯根一起发起并成立了计量经济学会，1947年去世。他一生坎坷。费雪曾发明了可显示卡片指数系统，并取得专利，办了一个获利颇丰的可显示指数公司。后来该公司与竞争对手合并为斯佩里·兰德（Sperry Rand）公司。这项事业使他致富，但20世纪30年代大危机之前他借款以优惠权购买兰德公司股份，大危机爆发后，他的股票成为废纸。据他儿子估计，损失为800万~1 000万美元。他一文不名，耶鲁大学只好把他的房子买下，再租给他住，以免被债主赶出去。

　　1929年他在大危机中受到沉重打击，但仍在1930年出版了代表作《利息理论》。这本书总结了之前关于收入的理论，一开始即论及"收入"这个概念。他说，收入是一连串的事件。这一概念可以很好地代表经济学家对收入的理解。他还说："对每一个人说来，只有那些在他的经验范围内所经历的事件，才是他所直接关心的。正是这些事件——个人精神上的体验——构成他的最后收入。对他来说，外部事件只有在成为精神感受的内部事件的手段时，才算是有意义的。人的神经系统，像个收音机，是个伟大的感受器。我们的头脑将我们所遭遇的以及刺激我们神经系统的外界事件转变成为我们精神生活的川流。"

因此，无论是迂回生产的早期生产阶段，还是中间过程和最后的货币交易阶段，除非精神收入——人类享受——是必要的或有用的准备行为，否则就没有意义。这样的话，最后我们的工资，在经济学家看来，就不是对货币的支付，而是对货币买得的享受进行的支付。

享受收入的理解虽然触及了本质，但仅仅是在心理范畴，无法直接衡量，最后只好用实际工资以及一般的实际收入作为间接的一个替代。这些实际收入是由外部世界中那些最后物质事件所构成的，这些物质事件给予我们内心的享受。在费雪这里，实际收入包括我们居住的房屋、收音机或电视机播放的音乐、穿着的衣服、享用的食物、阅读的报纸、浏览的网络等无数其他事件，我们便是通过这些事件来使周围的世界对我们提供享受的物质。这些最后的外部事件，就构成了我们所谓的"生活"。

所谓国民收入，也就是所有构成我们"生活"的内容，在现代经济学的定义中，是指物质生产部门的劳动者在一定时期内所创造的新产品的价值。所谓新产品，是要除去物质损耗，比如资本的折旧等的，它等于一个社会创造出来的总产品减去消耗掉的生产资料。

计算国民收入的方法主要有两种：一种是支出法；一种是收入法。实际上，如果你领会了费雪的收入概念，你会很容易地理解国民收入的这两种方法。支出就是我们对商品的花费；收入乃是我们通过出卖商品得到的收入，从这个意义上似乎看不出收入作为心理享受的一面，但是你知道，在整个社会，对于一个人来说的支出，恰是另外一个人的收入。比如，我拿一元钱买一个面包，面包店主得到了一元钱的收入，正是从我口袋里拿走的支出。一元钱就是一元钱。真正的享受收入乃是我消费了这一个面包带给我的心理满足感。

之所以插入这一段，是让大家对收入有一个基本的认识。经济学家在谈论国民收入概念的时候，时常指的并不是我们所看到的统计局给出的最后数字。一谈及收入，在他们心目中，就是在指一堆实物、一系列的事件。如果我们能够从这个意义上去看待世界，或许经济世界对我们来说就再也不神秘，甚至那些陌生的概念就再也不让人望而生畏了。

5.4 凯恩斯的"国民收入"概念

> 科学只不过是日常思考的凝练而已。
>
> ——阿尔博特·爱因斯坦

《通论》出版以前，世界上还没有出现国民收入这样的概念，更不用说统计的数据了。经济学家们的理解虽然极为深刻，但是无助于深入展开对总体经济收入决定的理解。所以，凯恩斯认为有必要精确地说明他的国民收入到底是什么，同时说明由此定义而引起的两个问题，即使用者成本和投资为什么与储蓄相等。

凯恩斯虽然批倒了古典学派，但是对于古典学派提出的问题，仍要做出回答。实际上，历史思想的演进总是如此，并不是历史中的问题有了什么变化，很多时候，仅仅是我们重新回答了这些问题。信仰旧的解答方式的人都去世了，新的理论才会得到崇奉。在理论发展的历史上，是用一个"葬礼"接着一个"葬礼"来表达进步的。

首先，我们来看使用者成本。凯恩斯为了说明什么是国民收入，引入了使用者成本。其实，翻译成现在经济学的语言，这个使用者成本就是折旧再加上被消耗掉的企业之间相互购买的中间产品，这是在迂回生产的经济里常见的现象。我们还拿5.2部分所假想的那个捕鱼经济作为例子来说明。

假设在一年里，这个捕鱼社会所有从事迂回生产的个人或团体，都成立了企业，采矿的成立了铁矿企业，打铁的成立打铁公司等，那

66

么，这个社会所有企业的总销售量是 A，其中各个企业之间相互购买的销售量为 A_1，这个 A_1 包括铁匠向铁矿企业购买的铁，织网企业向制线企业购买的丝线等中间物品。又假设在这一年开始，全部企业所持有的各种机器设备、成品、半成品、原料等的总和为 G；维修和储存 G 要用掉 B_1；到这一年结束的时候，这个 G 就剩下 G_1 了。那么，各企业最后在年末还有 G_1-B_1 那么多东西，因为这个 G_1 还没减去用掉的那个 B_1。因此，为了生产最后供我们吃的鱼，还要包括前面的钢铁、网坠、丝线、网等物品，加上最后捕来的鱼，它们共同构成了 A，社会全部企业所支付的代价是 $(G_1-B_1)-(G-A_1)$。

右边这个就是凯恩斯《通论》里所指的使用者成本。在我们的捕鱼经济里，它的意思是说，这个捕鱼社会为了生产鱼和为了捕鱼而生产出来的其他产品——价值一共为 A 的东西——而付出的消耗量。使用者成本这个概念如今已经不再使用，但是这个意思在现代经济学中保留着，我们这里把它用我们的捕鱼经济寓言给翻译出来而已。

其次，就是引入国民收入概念了。凯恩斯几乎同时提出了三种国民收入概念，这三种概念是等价的，它们大体上等于今天国民收入统计中的国民生产净值，也就是一国在一年中所生产的全部最终产品减去折旧。凯恩斯的这三种概念我们略为浏览，做一介绍。

根据我国著名的凯恩斯《通论》专家高鸿业先生的整理，这三种国民收入是这样的情况：

（1）国民收入等于社会的全部企业在一段时期中生产出来的产品卖价 A 减去由于生产 A 而耗费的使用者成本。

（2）国民收入等于社会全体居民的收入之和，也就是工资、利息、地租和对企业家的报酬——利润的总和。

（3）国民收入等于全部产品卖给企业的部分 A_1 以后所剩下的，即卖给消费者的部分，也就是投资加上储蓄。

明确了国民收入的定义之后，我们可以更好地理解"有效需求"这个凯恩斯经济学的重要概念了。凯恩斯说，有效需求就是总供给等于总需求时的国民收入，在这一均衡点上，需求是有效的。回到我们的捕鱼经济，可知有效需求就是我们要消费的鱼和那些辛辛苦苦的人们花费力气、机器、原料等之后生产出来的鱼是一样多的。只有在这种状态下，国民收入才等于工资、利息、地租和利润之和，同时等于投资加消费。

凯恩斯在《通论》中不惜篇幅，大谈使用者成本的内容，关于这一点，凯恩斯之后直至今天的经济学家一致认为，它们完全可以删去。

5.5 投资与储蓄何以相等？

> 生命就是在这样的阴阳契合、内外互补、得失兼备和相辅相成中
> 达到平衡。
> 寻找这样的平衡，
> 便会寻找到生活的艺术，
> 寻找到生命和人生的意义。
> 生命平衡的力量，
> 其实就是我们平常生活的定力，
> 是我们琐碎人生的定海神针。
> ——肖复兴《生命需要平衡》

在捕鱼经济里，我们所有的生产似乎只涉及投资，其实并非如此。首先，我们要知道，这个经济体所有的人员都是要吃鱼的，也就是说所有人的生产指向的最终产品——鱼，恰恰也是他们自己的报酬。对于他们的生产而言，生产工具就是资本。给这样的经济提供新的生产工具，就是投资。问题的关键在于：这个投资从哪里来？

孔子曾说："工欲善其事，必先利其器。"我们在吃鱼之前，必须先得忍住暂时无法吃鱼的痛苦，忍受数日的辛劳和消费上的薄少，换取将来更好、更多的捕鱼成果。这种忍受即"储蓄精神"。我们往往为了未

来的消费，而暂时牺牲我们当前的一部分消费，这一牺牲就是储蓄。然而，储蓄必须转化为投资，我们的牺牲才是值得的；否则，我们所有人都会选择在本期内得过且过，坐吃山空，这个社会就会停滞，甚至崩溃。在这里，我们提醒大家，在理解投资的时候千万别把它理解成我们日常语言中的投资，比如"你买了多少股票"这一类的理财形式。经济学里的投资是指新的资本设备的增加，是以实物形式出现的。

我们现在还是继续前面对于捕鱼经济的讨论，以便大家能够更好地理解储蓄和投资的问题。

理解这个问题，首先我们要区分出哪些是购买消费品的人，哪些是购买资本品的人。购买汽车是不是消费，而购买房屋又是否是投资呢？关于这一部分，如今的国民收入核算体系已经定义得非常清楚：耐用品消费以及住房投资。凯恩斯时代还没有这个体系。

凯恩斯认为，划分的标准显然要相应于我们划分消费者和企业家这一界限。也就是说，我们所有吃鱼的，虽然也为这个经济贡献自己的力量，但是我们在一个时间点上不可能既是消费者又是投资者。比如，铁匠自己是要消费鱼的，他在市场上购买鱼的那一刻是消费者，不算企业家。当然，在我们假想的这个经济中，人们都有两种身份，既从事生产又进行消费。事实上在真实的经济中我们又何尝不是如此？

在前文中，我们将所有的产品总值定义为A，将企业家之间交换的产品总值定义为A_1，那么消费可以明确为$A-A_1$。我们再把所有企业家的使用者成本之和定义为U，那么收入就是$A-U$，消费又等于$A-A_1$，储蓄就等于A_1-U。这就是说，我们把所有企业间交换的产品总值减去折旧，以及企业间重复计算的中间产品，就可以得到收入中的储蓄部分了。

如果在我们的捕鱼经济里，本期的所有生产活动对资本设备造成的资本增加的这部分价值，我们把它定义为投资，那么很显然它就应该等于我们刚刚定义的储蓄。也就是说，如果我们把今年新增的渔网、打铁炉等之类的生产设备定义为投资，那么它就应该等于收入中没有被用于消费的部分，后者就是我们定义的储蓄。这个投资首先是弥补了折旧之后的新增资本。

现在我们来看，在我们的捕鱼经济里，同一时期中，鱼的价值为 $A-A_1$ 的部分用于消费。$A-U$ 超过 $A-A_1$ 的部分，也就是 A_1-U，是由于该时期的捕鱼产业链生产活动而造成的资本设备的增加，从而也是该时期的投资。这样，我们就可以清楚地得到这样的结论了：

收入=产量（鱼）的价值=消费+投资

储蓄=收入-消费

因此，储蓄=投资。

凯恩斯说，只要定义满足我们上面的条件，就能得到相同的结论。储蓄和投资的相等来源于交易双方的性质：一方面是生产者，而另一方面则为消费者或资本设备的购买者。被创造出来的收入等于生产者的卖价超过他作为使用者成本的部分。然而这一产量必然不是卖给消费者，便是卖给另一些企业家，而每一企业家现期的投资等于他向其他企业家购买的设备超过他自己的使用者成本的部分。因此，从总量上看，被我们称为储蓄的收入超过消费的部分不可能不等于被我们称为投资的对资本设备的增添部分。

但是，这里凯恩斯还只是给出了我们一个定义上的等式，定义出来的投资与储蓄相等。事实上，投资与储蓄之间有着一个动态的过程，在这个过程中，投资与储蓄时常是不等的。这几乎成为现代经济危机的一个根源，因为投资与储蓄是由现代经济的一个重要部门所联结起来的，这个部门就是庞大的金融部门。

5.6 投资与储蓄又何以不等？

> 在理想和现实之间，
>
> 在动机和行为之间，
>
> 总有阴影徘徊。
>
> ——T. S. 艾略特

如果在经济中，投资与储蓄永远相等，那么，我们就会生活在一个平稳的世界。这个世界没有经济波动，没有失业，没有危机，凯恩斯也就没有写作《通论》的理由了。而我们的捕鱼经济又和马歇尔所想象的理论所应用的世界太过相似了，我们必须得让我们的捕鱼社会足够复杂，使得它能够更进一步地逼近现实。

那么，到底投资是否等于储蓄呢？由于凯恩斯在《通论》中谈到这个问题时字句常常含混不清，甚至自相矛盾，使得这件事几乎成了一桩公案。萨缪尔森曾说，《通论》在美国出版后，几乎哈佛经济系的学生人手一册，可是全美国能够理解它的人却寥寥无几。凯恩斯自己也说过这样的话：我宁愿要模糊的错误，也不愿要精确的正确。这都增加了我们理解投资与储蓄关系的难度。本部分试图通过当代宏观经济学的理解来澄清这一问题，为后面的阅读扫清道路。

凯恩斯在《通论》第6章和第7章分两章谈投资与储蓄，但是语句含混处颇不少。关于两者相等，凯恩斯曾写道："人们在进行自己要储蓄多少和投资多少的决策时，可能极不正常，以致交易能赖之以进行的价格均衡点不复存在……然而，经验表明，事实并不如此。"关于两者的不相等，他又写道："我要进行争辩，我认为投资超过储蓄的数量是决定就业量的动力。由此可见，我的新论点（我在本书——指《通论》——所持有的）虽然远为精确和易于理解，但基本上是我旧论点的发展。"如此之处，不一而足。正是这些含混不清的论述，在西方经济学界引起了一场混乱，经过了多年论争才取得一致意见。我们把这种一致意见进行归纳。

首先，从定义的结果看，投资永远等于储蓄。

这里我们要引入两个表：一个是储蓄表；一个是投资表。前一个表列明储蓄、收入和利率的关系，后一个表列明投资、收入和利率的关系。我们现在暂时假设储蓄、投资与利率无关，这样就存在储蓄与收入之间的一种关系以及投资与收入之间的一种独立关系。根据两个表各画一条平滑的曲线，就会存在一个独一的国民收入水平。经济过程可以看作由储蓄表和投资表的一系列交点和均衡点构成。每一个时间点上，国民收入水平都可以看作与一组储蓄表和投资表相应的均衡收入水平。由于现实的国民收入统计数字总是根据定义进行收集的数据，所以，在国民收入统计中投资总是会等于储蓄的。

我们上面所得到的储蓄和投资相等，都是观察值，也就是说都是事后发生的值，所以总是和国民收入水平相应。但是，实际上凯恩斯讲的不是这个，凯恩斯说的那个相等投资和储蓄，乃是意愿的，或者说是计划的，也就是说储蓄方对储蓄的意愿或者预期愿意储蓄的数量，与投资方的意愿或者预期愿意投资的数量正好相等。当这两种计划都已实现时，总供给才等于总需求。

如果意愿的投资不等于意愿的储蓄，也就是从事投资的人们愿意投资的数量不等于从事储蓄的人们愿意储蓄的数量，虽然储蓄和投资二者在定义上或者在事后仍然是相等的，但是，总供给不等于总需求，从而国民收入或就业量会发生变动，一直到意愿的投资等于意愿的储蓄为止。这时候，意愿的和现实的投资同时等于意愿的和现实的储蓄。

简单来说吧。在过去，比如鲁滨孙·克鲁索世界，储蓄方和投资方是同一个人，不存在它们之间的转换问题，所以意愿的储蓄和实际的储蓄与意愿的投资和实际的投资，是相等的。但是，在现代经济中，储蓄方和投资方是两方，他们不再由一人兼任，储蓄到投资之间有一个过程，当储蓄方愿意储蓄的数量和投资方愿意投资的数量达不到一致时，他们各自的计划储蓄和计划投资就不相等。当然，实际发生的储蓄和投资总还是相等的。

如何使得储蓄方所愿意储蓄的数量，正好等于投资方所愿意投资的数量，从而达到在最终产品市场上总供给和总需求的平衡，才是凯恩斯关注的根本问题。实际发生的与人们心目中希望的，总存在差距。这个差距，正是造成失业、危机和经济波动的重要根源。

72

06 | 消费是生产的
唯一目的

6.1 解放象征"物欲"的消费

我相信物质主义。

我相信健康的物质主义所带来的一切：
可口的食物、干净的房屋、干燥的鞋袜、缝纫器械、排水管道、
热水供应、沐浴卫生间、电灯、汽车、良好的道路、明亮的
街区、远离本城的休假、新颖的思想、快马良驹、投机的交谈、
影院、歌剧、交响乐、流行乐队，等等。

我相信这一切每一个人都应当享有。

那些还未享用过这些东西便离开了尘世的人们，
也许很可能如圣人一般地高雅、如诗人一般地富有，
然而那却是由于他们本来就高雅、就丰富，
而绝对不是因为他们被剥夺了这些物质享受。

——弗朗西斯·哈克特

如果我们同意欧文·费雪关于收入的定义，即收入最终是一种心理享受，那么，我们几乎可以说，一切收入最终都应体现为消费。没错！试想，一切的生产最终的目的和对象都是人们的消费，而储蓄则是暂时牺牲当前的消费，以期将来的更大或更有意义的消费，投资更加是现代经济的迂回生产过程的延长，最终的目的地仍然是我们的餐桌、衣橱以及车库。

我们的生活，所以如此多姿多彩，快马良驹、香车华服，都是经济所赐，我们的生活就是我们的消费。然而，对于消费在经济理论中的地位，说来惭愧，一直没有得到凯恩斯之前的经济学家重视。这并不奇怪，我们人类的祖先从上古一直到20世纪初，在人类世界的各个地区尚没有完全脱离贫困。对于他们而言，物质的富足是很多充满抱负的智识之士的宏伟志向，因此，多多关心生产，关心社会经济的总供给方面，正是他们的担当所在。在他们看来，使得人人尽可能有工做，有饭吃，就已经是莫大满足了。托马斯·摩尔爵士的《乌托邦》就是如此。但是，凯恩斯不是这样，他对传统的智慧心存大不敬，他特别强调经济中总需求的一面。消费函数即由他创造。

为了方便单独地考虑影响消费的因素，我们现在先把总供给方面假定为给定条件，这就是经济学中经常使用的"假设其他条件不变"，因为只有这样我们才能更好地考察我们所要观察的变量。当我们假定一个社会中就业的人数固定，从而总供给处于稳定状态时，是什么因素决定了消费的数量？由于总供给可以用货币工资单位衡量的收入水平来表示，所以我们可以在消费和总收入之间建立一个关系，这个关系用函数关系表示，就是消费函数。那么，这个函数关系里到底应该有哪些内容进去，这是凯恩斯在《通论》第8和第9两章所集中考虑的。

我们总的花费用于消费的数量显然受到以下方面的影响：收入的数量——我们手里有多少钱，没钱就没办法消费；客观存在的有关情况；该社会居民的主观需要、心理上的倾向性、习惯以及收入分配的

74

原则。第三种情况和一个社会的具体构成、经济与政治特征、人们的气质与习惯有关。为了做出区分，凯恩斯把它们分为主观因素和客观因素。本部分主要考察客观因素。现在我们再做一个假设，假定主观因素是既定不变的，消费倾向仅仅取决于客观因素的改变。

第一是以货币工资单位衡量的收入的改变。消费，我们当然是指仅对实物资料的消费，应该是实际收入——也就是我们的钱能买来的那些东西——的函数，而不是货币的函数。在凯恩斯看来，一个人的收入高低取决于他们以货币工资单位衡量的收入。当然，实际收入的上升比例要小于他的以货币工资单位来衡量的收入的上升比例。但是一般而言，在社会的分配结构大致不变的情况下，我们大略认为它们是以相同比例在改变。也就是说，用我们的货币工资单位，比如1小时劳动工资来衡量的收入，必有一定比例用于消费，这一定比例我们把它称为消费倾向。

除了收入之外，我们还需要考虑资本价值的意外变动。因为富人们的消费总是对财富的价值变化异常敏锐，如果富人们对可能发生的资本增值有了更好的预期，他们或许会增加自己的消费。财富变化对所有人都有类似的反应，比如我们的股票价值如果每日疯涨，则我们弹冠相庆，饮宴终日的机会就会增多，女士们购物的次数也会大增。一旦股市崩溃，各种节俭之风就又流行起来了。在短期里，这也可以看作影响消费倾向的主要因素。

我们对时间价值的评价也是影响消费的重要因素。如果我们预计本国货币会像2009年津巴布韦的货币一样，在短短时间内，1万亿津巴布韦币都贬值到买不来一盒香烟的地步（2009年，津巴布韦官方通胀数据为230 000 000%，津巴布韦央行"整日在印钞"，物价每分钟都在发生变化），我们只能赶紧去消费，一分钟都不能耽搁。如果我们的科学家突然向我们宣布，一年后小行星将毁灭地球，而且我们只能坐以待毙的消息，我们大概会陷入某种疯狂的消费狂潮之中。当然，这是极端情况，但是至少可以说明我们对时间的看重。时间因素对我们的影响是复杂的，很难说方向如何，但重要性不言而喻，因为我们总是对将来有着难以捉摸的不确定性情结。

除这些之外，还有财政政策的改变，比如政府对我们收入所征的税，以及各种其他税负变动；还有利率的变动，因为它会影响投资，从而影响储蓄，等于影响了现期的消费。再比如美国经济学家凡勃伦所讲的"炫耀性"消费，周围的人都开车上班，你可能出于不必要的虚荣，也会如此，但使得社会总的消费水平提高。

经济学直到凯恩斯，才如此重视消费，赋予了它重要的地位，挑战了过去所有关于节俭的信条。道德哲学家们对于消费的指责，并没有得到凯恩斯的尊重；相反，凯恩斯和亚当·斯密一样，对于人类的"恶德"赋予了如此的重担，在他们看来，正是这些我们时时憎恶的"恶德"，经常创造奇迹，甚至拯救我们于"善"的水火之中。

76

消费，这个一直象征着人类内心贪欲的字眼，在凯恩斯的手中得到了彻底的解放。

6.2 作为人类心理规律的消费倾向

就问题的复杂性而言，研究人绝不比研究宇宙更容易。

人的大脑可能是现存最复杂的一种装置！

没有大脑的活动，

就没有艺术、音乐、科学、哲学和爱情，也不会有人类的仇恨和战争。

有史以来，人本身是最难解的谜。

我们有时会发现自己的思想、情绪、活动、行为和对个人经历的意识

是那么不可思议……

在这个信息时代里，

凡没有学习过心理学的人都不能算是受过完好教育的人。

——丹尼斯·库恩《心理学导论》

凯恩斯在经济分析的微观基础，即他研究的总体经济规律的个人

行为基础方面，继承了古典经济学的一个传统，那就是对人类心理规律的假设。很多研究凯恩斯经济学的专家甚至认为凯恩斯的《通论》是建立在三个基本的心理假设之上的，它们是消费倾向、资本的边际效率和灵活偏好，凯恩斯把这些心理倾向当作他的经济体系的最后的变量。

凯恩斯认为，消费倾向是一个相当稳定的函数。他说："无论从先验的人性看，或从经验中之具体事实看，有一个基本的心理法则，我们可以确信不疑。一般而论，当所得增加时，人们增加其消费，但消费之增加，不若其所得增加之甚。"意思是说，有一个基本的心理规律，我们的收入越来越多时，我们不会把所有增加的收入都用来消费，而且这两者之间的差距随着收入的增加会越来越大。从短期来看，情况尤其如此，因为短期内我们的消费习惯还没有很大的改变，虽然这时收入可能增加了，但我们的消费习惯还会继续一段时间。此外，如果收入下降幅度很大，可能会使得消费超过收入。由于我们的消费习惯一时没有很大改变，还有就是政府的支出或救济政策，使得消费没有下降到极端的地步。由此我们可以得到这样的原理：除非消费倾向有所变动，否则就业人数只能随着投资的增加而增加。

消费既然是所有经济活动的唯一目的，那么我们就业的机会必然会受到总需求的限制。总需求只能来自现在的消费，以及为了将来的消费而做的现在的准备。但是，这个为未来消费所做的准备，却不可能无限地延期，不然总需求在将来就只能靠现在生产的产品来满足，也就是说现在就得为将来储备一批存货，来满足将来的消费。这就好像说，我们想吃鱼，所以我们去结网，可是我们结网不能无限期地结下去，因为如果这样，将来没有用渔网来捕鱼吃，就只能先坐吃山空，吃掉我们所有的储备。所以，凯恩斯说，我们预先准备的未来消费越多，我们就越难找到进一步预先做准备的某种可能，我们现在面临的消费缺口就越大。但是，很不幸，随着收入增加，收入和消费之间的差额也越大。如果拿不出新办法来解决这个难题，我们的社会就免不了出现失业，使大家变得贫困。

也可以这样来看，如果我们为了将来能更多地消费，即我们为了在将来吃更多的鱼，首先，当前要消费一些鱼，不能饿肚子。其次，也要为将来预备一些鱼，这可以叫作负投资。只有将来的消费支出预期增加了，才能弥补当前的这个负投资。也就是说，如果到了将来我们还是按原来的习惯吃掉收获的鱼中的固定部分，而不有所增加，那么，我们就无法弥补现在为将来预备的鱼，这样未来老是欠着现在，最终经济将被拖累。只有我们设想的那个有很多鱼吃的场景真的在某一天实现了，那么，今天的忍饥挨饿才有意义。明天的快乐正是今天的克制与受苦绝对不可缺少的原因。我们都是为了理想而存在，一旦理想被某个信念认定为不可实现，那么当前一切忍耐、一切克制都将失去意义。

凯恩斯时代的政府，对于使用公共投资来增加就业，心存疑虑。这是因为政府没有充分认识到，资本是不能离开消费而自我存在的。政府的节俭以及对民间节俭的提倡，实不足为。消费倾向一经减低，便会成为永久习惯，这样不仅消费需求将减少，资本需求也会减少。

说得更明白些的话，可以这么理解——

一旦所有人都变得更为节俭，吃鱼更少，则结网也就成了奢侈之举，最后我们就会又都回到用手抓鱼的时代。所谓的"经济萧条"，不过如此而已。

6.3 影响消费的主观因素

> 你永远无法预言某一个人将会如何行事，
> 但可以对人的一般行为做出精确的判断。
>
> 个体虽千变万化，但万变不离其宗。
>
> ——阿瑟·柯南·道尔爵士《血字的研究》

除了总收入和影响消费的客观条件以外，决定消费开支的主观和社会因素也是应当为我们所关注的。对于理解长期的社会经济变迁而言，理解这些影响消费的因素是很重要的。比如社会结构的变化、人类生活习惯的改变，都会引起消费水平的不同。凯恩斯虽然也辟出专章讨论这些主观因素，在《通论》一书中他却一直假定这些因素都是给定不变的。

影响人们不把收入用于消费的主观性质的动机或目标有8个：

（1）为了不时之需而积起一笔准备金。人生总有旦夕祸福，如果得过且过，手无余财，一旦事情到来，就会无法应对。

（2）为了事先料到的个人或家庭所需要的开支与其收入之间的关系改变进行储备，比如为了养老或者子女的教育等。

（3）为了获得利息和财产增值，因为我们有时可能会更看好将来的消费。

（4）为了取得能逐渐增加的生活开支，人们总是有一种本能希望自己生活在一种逐渐改善的状态中，希望自己在生活消费上总有一种今胜于昔的感觉。

（5）为了取得独立生活能力的感觉，以及取得做出事业的力量，虽然不一定对具体行动有什么明确的想法。

（6）为了进行投机或某个项目积累本钱。

（7）为了能留下遗产。人类可能比动物对后代更慈爱，当然也许这是比动物更无知的表现。

（8）为了满足纯粹为守财奴的欲望。这种人的人生最大的遗憾在于：人死了，钱没花完。

这8个动机凯恩斯依次称之为谨慎、远虑、精于筹划、重视未来、独立、进取、骄傲和贪婪；当然，也可以开出一系列与之相应的消费动机，如放纵、短视、慷慨、失算、跟风、享乐、浮华和奢侈。词汇体现动机，往往有主观色彩在内，都是对人性的一种描述而已。

此外，还有4个企业的动机，依次是进取动机——取得资金以便自我投资；流动性动机——以应付紧急事项、困难事件和经济萧条；

改善动机——逐渐增加收入，使得经理们免于因不能提高效率带来收入而受的批评；谨慎动机——财务上应采取的谨慎稳妥的政策。

凯恩斯认为，所有这些动机的强弱在很大程度上取决于经济社会的体制和组织，取决于种族、教育、成规、宗教和流行的风气所形成的习惯，取决于现在的希望和过去的经验，取决于资本的规模和技术，也取决于现行的财富分配和业已形成的生活水平。凯恩斯说，我们并不关心社会改变的长远后果，也不关心长期发展的缓慢作用。

凯恩斯有一句名言：长期来看我们都死了。

6.4 边际消费倾向与乘数：国民收入的神奇创造

> 天下大事，必作于细；
>
> 天下难事，必作于易。
>
> ——老子《道德经》

消费函数在凯恩斯经济理论体系中举足轻重，它是简单凯恩斯宏观经济模型的重要基础。这个所谓的简单凯恩斯模型，经过了希克斯、汉森和萨缪尔森的归纳和改进，已然成为当代宏观经济学思考总体经济的基本参照系。前面讲过，凯恩斯认为均衡的国民收入或者说均衡的就业量取决于消费和投资。然而，在简单凯恩斯模型里，他是把投资当作一个给定的数量，并不去探讨投资的来源，而是主要说明消费是如何决定就业量或国民收入的。在这个模型中，有两个核心的概念，那就是边际消费倾向和乘数。这是凯恩斯《通论》的思想根基。

那么，什么叫作边际消费倾向呢？简单地说，就是我们的收入增加了一个量，这个增量中用于消费的比例。凯恩斯说："我们的一般心理规律宣称：当整个社会的实际收入增加或减少时，该社会的消费也会增加或减少，但后者的增加或减少不会像前者那样快。现在我们一般心理规律可以改写成为——并不是绝对准确的，而是受到限制条件的约束；这些限制条件是显而易见的，并且很容易地能以完整的形式加以说明——下列的命题：ΔC 和 ΔY 具有相同的符号，但后者大于前者；在这里 ΔC 是用货币工资单位衡量的消费。我们把 dC/dY 称为边际消费倾向。"这里的 dC/dY 采用了导数的形式，导数是表达边际量变化率的数学概念，它表示的是一个变量的微小改变量与其所带来的另一个变量的微小改变量的比值。这样，我们可以很清楚地理解边际消费倾向的含义了，它说的是我们的收入如果增加了一个微小的量，我们的消费相应增加多少，两个增量的比值就是边际消费倾向。如果我们的收入增加100元，其中90元被用来消费，我们的边际消费倾向就是0.9。

边际消费倾向是一个很重要的概念，我们可以用它来表示投资乘数 k，后者是联结投资与国民收入的桥梁。投资乘数 k 告诉我们：当总投资增加时，收入的增加量会等于 k 乘以投资的增加量。它的计算是这样的：投资乘数 k 等于1减去边际消费倾向所得差的倒数。如果我们的边际消费倾向是0.9，乘数便是10。凯恩斯认为，投资量的增加，不论是私人的还是国家的，它对国民收入的促进作用都会数倍于投资增加量本身，也就是说，如果我们投资1元钱，我们最终得到的国民收入将是1元钱的好几倍。这个倍数就是乘数，它的大小取决于边际消费倾向的大小。了解了乘数这个概念，我们就可以理解何以一个较小的投资增加会带来国民收入的大幅增加。我们举一个假想的简单经济来解释它。

假如在经济中有一个甲企业家投资了100万元用来购买乙企业的一台机器。由于生产这台机器，乙企业增加了国民收入，因为它要为生产这台机器支付工资、地租、利息，并获得利润，乙企业增进的国民收入也会是100万元。但是，当乙企业的员工拿到这100万元时，根据边际消费倾向为0.9的假定，他们会花掉其中的90万元给丙企业，用来购买日常支出或娱乐消费，这会转化为丙企业增加的国民收入。丙企业的员工又会拿这些钱中的90%用来消费，购买丁企业的产品和服务，依此类推，直到最后所有的国民收入都被创造出来。这是一个我们很熟悉的等比数列，我们根据初等数学的等比数列求和就可以知道最终的国民收入将因这100万元的投资而达到1 000万元。国民收入被神奇地创造出来了，然而撬动这一杠杆的仅仅是边际消费倾向这一我们的心理习惯而已。

　　边际消费倾向的大小对于我们的国民收入而言，相当重要。如果边际消费倾向十分接近1，那么我们的收入将被放大到非常大；如果边际消费倾向特别接近0，国民收入的创造会非常接近于我们的投资水平。由此可见，边际消费倾向和乘数对于阐明投资变动对国民收入的作用是多么重要。投资增加，国民收入会有较大数量的增长；投资减少，国民收入会有较大幅度的降低。由于投资对国民收入和就业量起着如此重大的作用，所以增加投资是提高收入和解决失业问题的一个有效手段，不论这一增加是私人造成的，还是国家所为。

　　国家的形象，将不再是市场的守夜人角色；凯恩斯把现代经济中的庞然大物——政府，拉进了我们的经济舞台。不管我们对这个庞然大物到底是心存希冀还是恐惧，我们都无法避免它。问题的关键只是在于，政府如何成为提高我们的福利和生活水平的"圣贤"，而不是与民争利的"强盗"。

　　当然，这个问题，凯恩斯是存而不论的。

6.5　"捉迷藏"带来财富?!

> 建造金字塔，甚至地震、战争等天灾人祸，
> 都可以增加财富。
>
> ——约翰·梅纳德·凯恩斯

　　经济学家心目中一个永恒不变的主题，就是探讨财富的来源。在他们看来，从古至今，人们没有享受到文明所带来的财富的原

因，一是人类深受大自然之苦，二是人类自身的愚蠢所酿成的战争苦果，三是君主们贪婪的私欲带来的无谓浪费。哈佛大学经济思想史名家赫希曼在《欲望与利益》一书中告诉我们，人类的欲望被引导到其他的非生产的方向上去，是古代社会在财富创造上大大劣于近代资本主义之处。自亚当·斯密以来，古典经济学家深信他们找到了财富增长之道，劳动分工和市场的扩展是国民财富形成的原因。马克思更是把所有价值创造尽归于产业工人的劳动，甚至连商业和金融业的从业人员都不创造价值，而被视为资本主义的浪费。但是，在大萧条来临之际，我们有理由怀疑所有关于财富生成的理论，因为我们看到的场面不再是这些先贤们所面临的时代。物质富足、劳动分工细密、市场繁荣的形势几乎一夜之间消失得无影无踪。我们并不缺乏创造财富的机器、工人和科技，也不缺乏追求财富的欲望，但是，我们在这样的时代陷入了空前的贫困。这是多么让人难以思议的事情！

面对这一人类文明史无前例的事件，凯恩斯说，如果我们的政治家们仍然坚持以往的教条，受古典学派经济学的熏染过深，难以自拔，从而束手无策，那么，建造金字塔，甚至地震、战争等天灾人祸，都可以增加财富。此论一出，可谓石破天惊！

事实上，当非自愿失业存在时，劳动的边际负效用必然小于劳动的边际产品。也就是说，我们宁愿忍受劳动带给我们的身体上的苦楚，为了生存愿意就业，但是这不可得。如果我们承认这一点，那么浪费性的政府支出在衡量得失之后还是可以增加社会财富的。

虽然凯恩斯的思想提出得较晚，但凯恩斯的这种建议并不是没有在历史上出现过。20世纪30年代德国利用战争机器，扩大军工产业，很快摆脱了经济上的衰退。当然，这个例子实在不是我们所乐见的，因为关于战争的得失不是用财富就能衡量清楚的。在中国历史上也不乏这样的例子。中国家喻户晓的岳阳楼，最初于唐朝建造的时候，正是当地地方官无意识地运用了凯恩斯的理论，摆脱了当地由于天旱而导致的饥民遍野的局面，岳阳楼的修建给当地饥民带来了生的希望，也带动了当地的经济发展。清代大儒阮元，更是一个治世名臣，《郎潜纪闻四笔》曾有这样一段记载：

> 嘉庆十九年，江北旱灾，流民充斥道路。阮文达公方为漕帅，由淮安催漕至袁浦，中途有饥民万余，拦舆乞食，势颇汹汹。时漕艘衔尾而北，水浅船迟，公立发令箭，传谕押运文武官，每船添雇纤夫二十人，以利挽运。适江南十余帮在境，恰有五百余艘，俄顷之间，万余饥皆得食，欢声雷动。盖此令一出，漕船得速行，饥民得果腹，而又分帮安插，弭变无形，诚一举而三善备也。

阮元利用多余劳动力，安排就业拉纤，人人得食，还消弭了一场无形的民变，真是具体而微地体现了凯恩斯的这种思想。

而最能反映凯恩斯思想的，也最为人所津津乐道的还是凯恩斯在《通论》第10章中所举的政府与企业"捉迷藏"，挖窟窿找金子的例子。

凯恩斯说，开采金矿，无非是在地上挖窟窿找金子，并不能增加真正的财富，徒劳民力，然而，它是所有解决办法中最容易被接受的一个。如果财政部把用过的旧瓶子塞满钞票，再把塞满钞票的瓶子放进开采过的矿井里，然后用垃圾把矿井填平，并且听任私有企业根据自由放任的原则把钞票挖出来，那么，失业问题就不会存在，而且在受到由此而造成的反响的推动下，社会的实际收入和资本财富很可能要比现在多出很多。如果建造房屋或者其他政府进行投资建设阻力很大，挖窟窿总比什么都不做要好得多。同样，埃及修建金字塔具有双重的幸运，一来完成了法老的心愿，展示了国力，二来其神话般的财富毋庸置疑亦来源于此。我们反对建造金字塔，或者为死人设道场、讲排场，那么在伦敦和约克之间修建两条铁路又当如何呢？

　　凯恩斯举的固然是极端的例子，但是对于打破当时人们的陈旧观念却不无警醒之处。事实上，我们当然要对政府的举措及执行机制和效果进行讨论，并有监督的必要，但是也不能故步自封，束缚住自己的手脚，现代国家面临经济危机实有出手的必要。

　　思想导致行动，凯恩斯正是开启这一思想的人。

07 | 作为"动物精神"的投资冲动

7.1 资本边际效率：引诱企业家投资的第一因素

> 天下熙熙，皆为利来；
>
> 天下攘攘，皆为利往。
>
> ——司马迁《史记·货殖列传》

凯恩斯自其 1930 年出版《货币论》开始，就在殚精竭虑地构思着一件事，意在强调这样的观点：一旦人们储蓄的欲望超过投资的成本，经济总体上就会出现萧条，除非有提高投资价值或利润率的举措能够一起发生。如果人们意愿的总储蓄总是跑在投资速度的前面，企业购买新的生产设备的兴趣不足以吸收国民收入的储蓄量，换句话说，如果预期的利润率低于银行定出的市场利率，萧条就开始了。凯恩斯把预期利润率称为资本的边际效率，正是这种被变化不定的预期所推动的"自然利率"相对市场上形成的"市场利率"的上下振荡，才是凯恩斯认为经济周期变化的根本原因。这里的"自然"，是西方自然法思想中的一个概念，也是西方经济学中常见的一个概念，比如自然失业率概念中的"自然"（回忆 4.1 部分），古典学派认为无论经济状况好坏，总会存在两类自愿失业，它们即形成了自然失业率。

凯恩斯说，当人们购买一件资本品的时候，其是在购买一系列未来的收益。仍以我们的捕鱼经济为例：我购买一张渔网，渔网是一件资本品，我不是购买对渔网消费带来的当前享受，乃是购买这张渔网所带给我未来捕鱼收入的便利。如果这张渔网我可以用 5 年，弥补我的人工成本之后，每一年还分别打得 Q_1、Q_2、Q_3、Q_4、Q_5 数量的鱼，这些被称为投资的预期收益。除了这个预期收益之外，还有这张渔网的价格，但是这并不是指它在市场上的售价，而是指能够诱使生产渔网的厂家生产出同样的渔网而需支付的价格。这个价格有时也被称为重置成本。

现在我们假设一张使用寿命只有 1 年的渔网，市场价格为 100 元。如果购买这张渔网的人认为，一年以后这张渔网就分文不值了，用它捕鱼卖的钱弥补人工成本等之外可以带来 105 元的收益，那么这张渔网的资本边际效率就是 5%。这个数值是根据这样的方法算得的：$100 = 105 \div (1+0.05) = 100$。这样，资本品的价格和预期收益之间的这种关系，就是资本边际效率。

资本的边际效率是一种贴现率，所谓贴现率就是能把将来的货币价值，比如本例中一年后的 105 元，折现成现在的货币价值的百分比，这个现在的货币价值在本例中就是 100 元，此贴现率就是本例中的 5%。按照凯恩斯的说法，资本边际效率不过是能把将来的预期收益折算成生产设备的市场价格的一种贴现率。当然，我们可以放宽上例中的年限，比如放宽到 5 年，那么这张渔网的资本边际效率的一般公式是：

$$\text{渔网的市场价格} = Q_1/(1+r) + Q_2/(1+r)^2 + Q_3/(1+r)^3 + Q_4/(1+r)^4 + Q_5/(1+r)^5$$

　　这里的 r 就是资本边际效率。资本边际效率为什么要被引进来呢？我们上面说过，凯恩斯认为正是它和利率一起构成了投资诱惑的两个因素，它们二者的相对变化决定了企业家是否进行投资。为什么这两个因素会决定企业家是否投资呢？

　　企业家是否进行投资，取决于是否能为他带来利润，而要想计算利润，一方面他要计算投资的成本或代价，另一方面也要计算投资的收益。渔网的 100 元价格，是投资的成本；一年后的 105 元代表着收益，这收益往往需要一段时间以后才能获得。为了和现在的 100 元相比较，我们必须要把这未来的收益折算成现在的钱。资本边际效率就是使将来的收益经过折算后能与现在的成本相等的贴现率，也就是能使现在的成本变为将来的收益的利率。

　　资本边际效率是凯恩斯理论体系的三大心理基石之一，它本身是一个预期的利润率，是引诱企业家投资的因素。所谓引诱企业家投资，就是指资本边际效率和利率相对的高低。如果前者大于后者，那么投资的预期利润率就会大于把钱放在银行的利率，从而投资更有吸引力；如果前者小于后者，那么人们就没有进行投资的动机。

　　企业家的投资冲动，就是他们对于未来存在一种良好的预期。至于这一预期的形成，当然是一个需要详细考察的主题。

7.2　影响资本边际效率的其他因素

　　　　　　　　人们认为我不会出错，这完全是一种误解。

　　　　　我坦率地说，对任何事情，我和其他人犯同样多的错误。

　　　　　　　不过，我的超人之处在于我能认识自己的错误。

　　　　　　　　　　　　　　这便是成功的秘密。

　　　　　　　　　　　　　我的洞察力关键是在于：

　　　　　　　　　　　认识到了人类思想内在的错误。

　　　　　　　　　　　　　　　　——乔治·索罗斯

　　凯恩斯的资本边际效率，最容易让人混淆的一个来源在于，它取决于资本的预期收益，而不仅仅是当前的收益。所以，为了认清凯恩斯这一理论创见的真正含义，我们还需要考虑一些其他因素的预期变动，看它们是如何影响资本边际效率的。

　　首先我们来看对未来生产成本的预期改变，会对资本边际效率产生什么影响。这种预期的改变来自各种可能。举一个例子：我们国家2008年开始实施的《中华人民共和国劳动合同法》，虽然未必一定像企业主所想象的那样对他们不利，但是毕竟提高了企业家对劳动成本提高的预期；又或者我们发现了新的发明和新的技术，预期会降低劳动成本。

　　企业家会这样认为，今天我们生产出来的设备，在它的生命年限之内，它所制造出来的产品必须和以后生产出来的设备所制造的产品相竞争，也许后者的劳动成本较低，也许后者进行了技术改造，因此对它所制造的产品以较低价格出售会感到满意；后者的产量必然继续增加，直到它的产品价格低到所满意的数字为止。如果企业全部产品都能以较低的成本生产出来，那么企业来自新老设备的、以货币来衡量的利润就会减少。只要这种对未来的预期，被大家认定可能出现，那么今天生产出来的资本品，它的边际效率就会相应地减少。

　　资本的边际效率也是影响人们对货币价值变动所做的预期，从而影响本期生产的产品数量的原因。凯恩斯认为，如果货币购买力下降，也就是说如果我们的货币发行量增加，货币贬值，那么投资会被刺激，从而也会刺激就业。因为货币在未来的价值将会下降——这一预期可以提高资本边际效率曲线，也就是提高了对投资的需求。使用上面我们所举的例子，这一点并不难懂，因为我们普遍预期未来货币将更不值钱，所以必须提高贴现率，才能使得未来的收益折现，等于当前的资本品的价格。这也是欧文·费雪教授的"增值和利息"理论中的一个部分。

90

费雪教授在他的《利息理论》中区分了用货币表示的利率和实际的利率。著名的费雪效应是这样的，名义利率，也即用货币表示的利率，减去通货膨胀率，等于实际利率。费雪效应表明，从长期来看，实际利率并不会受到货币量变动的影响，因为名义利率会根据通货膨胀率自动调节。但是，如果我们仅仅从费雪提供的这个等式本身去理解，凯恩斯认为，很难理解它的真正含义。因为，费雪没有明确提出，这一通货膨胀的变化是不是能影响最终的就业或者产出，要取决于它能否被预料到。如果没有被预料到，那么对现行的事物就不发生影响；如果能被预料到，那么现行物品价格会立即被调整到使持有货币和持有物品的利益再度相等，从而利率也就没有必要做出改变，以便补偿在借款期间由于通货膨胀或紧缩给放款人带来的得益或损失。虽然费雪的考虑并没有什么大的问题，但是，无疑凯恩斯看到了人们总会犯错这一人性的弱点。

费雪等人之所以出现这样的错误，凯恩斯认为，根源在于没有考虑货币价值的变化，会通过资本边际效率而影响生产新资本品的积极性，也就是投资的积极性——企业家的投资冲动就无法形成。因为凯恩斯认为对产品数量的刺激，取决于资本边际效率相对于利率的上升。这个利率是指实际利率，它表示的是，由于对将来货币价值的预期的改变而应该形成的利率，以使得这种预期的改变不会对现在的产量造成任何影响。

理解既定量的资本品的边际效率取决于预期的改变这一点是非常重要的。凯恩斯说："因为，主要是这一依赖关系才使得资本边际效率具有相当剧烈的波动，而这种剧烈波动可以解释经济周期。"凯恩斯还说明，资本边际效率相对于利率的波动可以用来解释繁荣与萧条的交替。

在凯恩斯之前，经济理论总是假设一个静态社会，这一假设前提使得经济理论在很大程度上缺乏现实性；资本边际效率则通过"预期"这一桥梁，连通了经济在今天和明天理论上的关系。我们的用以生产的机器设备，是典型的耐用品，它可以联结起经济上的未来和现在，那么，通过对未来的预期，影响耐用的机器设备的需求价格，从而影响现在。这符合我们的一般常识。

一切焦点重新回到预期上来。

7.3　长期预期：经济变化的引擎

> 为什么人们一思考，上帝就发笑呢？
>
> 因为人们愈思索，真理离他愈远。
>
> 人们愈思索，人与人之间的思想距离就愈远。
>
> 因为人从来就跟他想象中的自己不一样。
>
> ——米兰·昆德拉《生命中不能承受之轻·序》

92

企业家的投资行为，取决于通行的利率和他们对预期的利润率之间的关系。如果预期的利润率高于利率，那么他们就会选择投资；否则，他们宁愿将钱存在银行里，获得普通的利息。预期利润率就是凯恩斯所谓的资本边际效率。前面讲过，它受资本品的市场价格和未来收益影响，而资本品的市场价格是当前大家已知了的，没有多少内涵可谈。因此，在凯恩斯看来，企业家如何看到未来，如何预期未来，至关重要。凯恩斯十分不满经济学家对预期问题的忽视，他说：

这就是工商界所谓的信心状态。实际从事工商业者，对此都密切注意。经济学家倒反而对此不做仔细分析，大致只做很空泛的讨论，塞责了事。经济学家尤其没有弄明白，信心状态之所以与经济问题发生关系，是因为它对资本边际效率有重大影响。

人们对于未来的猜测，一部分取决于现在，一部分取决于未来的事件。每一个人都生活在"现在"和对"未来"的设想之中。如果没有对未来的设想，我们将很难面对自己和世界，我们甚至会深感困惑和恐惧。企业家更是如此。一个对人性缺乏深刻认知、对市场的机会没有预见性的企业家，一定不是一个好的企业家。对于一个企业来说，"现在"往往意味着当前资本的数量、消费者对产品需要的程度，以及良好的管理；"未来"则意味着资本种类和数量的可能变动、消费者口味和风格是否会改变，以及货币工资的变化等。这些都是长期预期，是心理上的一种面对未来可能的状态。它不是短期预期，5.2部分已经提及，短期预期指的是对产品的销售收入的猜测。正是这些长期预期，即企业家的心理臆测，决定了资本的预期收益，从而这种预期收益是受人们的心理状态影响的主观因素。对凯恩斯而言，预期的概念是非常重要的。

但是，心理状态和主观因素毕竟瞬息万变，很难猜测，这方面凯恩斯专门在《通论》第12章进行论述。其所见也，不乏精彩。凯恩斯首先强调，长期预期是一个易于发生剧烈变化的因素，原因基于以下四点：

第一，人们对一项长期投资是否最终能够赚钱，往往缺乏真正确实的证据，也就是说，对于长期预期，人们是没有足够的信心的。我们对于5年后或者10年后的状况，往往很难下一个决断，或者说我们对于决断所依赖的知识基础，是非常脆弱的，因为所有的推断都是建立在历史和现在的基础上的，关于未来，我们实在是一无所知。

第二，正是因为人们缺乏对未来足够的信心，所以人们才会这么依赖习惯或者社会的一般做法，依赖于社会的共识，也就是凯恩斯所说的成规。但是，社会成规只不过是各种人长期预期的加总，而每个人的长期预期都是建立在缺乏足够的事实根据上的，所以，社会成规一遇到风吹草动，就会变化万千。这种情况在经济处于危机时刻时，更加如此，越是经济状况不佳，各种小道消息越是不胫而走，闹得人心不安。

第三，往往证券市场是人们投资的主要渠道，各种金融衍生品都在这样的市场上买卖。如果人们可以从这些金融产品上取得更高利益，那么他们就不再有直接投资于生产设备的必要。但是，证券市场的投机性使得它本身常陷于大起大落之中，这也加剧了人们对资本品的长期预期的剧烈波动。证券市场最后往往被情绪而不是利益计算所主宰，市场一会儿受乐观情绪支配，一会儿又悲观情绪弥漫，直至最后竟似丧失理智一般。

第四，就是凯恩斯特别强调的非理性因素。他认为，人们是否进行资本品投资，并不完全出自于利益的动机，也来自于"动物精神"（animal spirit）。所谓"动物精神"，是指人类从事创造的冲动。从这一点上看，凯恩斯这里对人类创造欲望的强调，和20世纪伟大的经济学家熊彼特对企业家创新，或者奥地利经济学派对企业家市场发现过程的强调一样，他们都认为，精确的理性计算不能很好地解释宏观经济运行的起起伏伏。人群中的那一部分仿佛受到上帝精神感召的人，对市场过程中利润机会的发现，具有天然的偏爱。企业家精神创造了繁荣；这一精神的丧失，则会导致衰落。

这一段，是凯恩斯《通论》一书中最具创见的篇章之一。

7.4 作为"动物精神"的投资冲动

> 龙能大能小，能升能隐；
>
> 大则兴云吐雾，小则隐介藏形；
>
> 升则飞腾于宇宙之间，隐则潜伏于波涛之内。
>
> 方今春深，龙乘时变化，犹人得志而纵横四海。
>
> ——罗贯中《三国演义·第二十一回·曹操煮酒论英雄》

经济学一向把人看成精于经济利益计算的理性人，其拥有完善的知识，近乎全知全能，有着超乎寻常的发达智力，能够在瞬间闪电般完成所有相关利益的计算，这就是美国离经叛道的经济学家凡勃伦所批评的主流经济学中的经济人模型。在新古典经济学传统里，人被看作精于计算的、只关心自己福利的经济人。然而，事实上，凯恩斯对这种源自功利主义的论理学思想是嗤之以鼻的，并且认为正是这种思想败坏我们现代文明的良好风气。人类本性之中，暗藏着丰富的精神，这些精神是不断创造奇迹的根源。企业家面对投资的"动物精神"就是其中的一个表现。凯恩斯说：

　　除了投机所造成的经济上的不稳定以外，人类本性的特点也会造成不稳定性，因为我们积极行动的很大一部分系来源于自发的乐观情绪，而不取决于对前景的数学期望值，不论乐观情绪是否出自伦理、苦乐还是经济上的考虑。假使做一件事情的后果，需过很多日子后方才见出分晓，我们的大多数决策，大概只是受一时血气的冲动——一种油然自发的驱策，想动不想静。

　　不论各企业以何种坦率而真诚的程度来宣称"它们从事经营的主要动机已由企业的组织章程所说明"，在实际上不过是把它们的动机假装成为如此而已。事实上，根据对将来的收益加以精确计算后而做出的经营活动只不过比南极探险的根据稍多一些。因此，如果动物的本能有所减弱，而自发的乐观精神又萎靡不振，以至于我们只能以数学期望值作为从事经营的根据，那么企业便会萎缩和衰亡——虽然对企业的前景看好和看坏的根据和以前没有什么不同之处。

　　我们可以有把握地说，如果企业家对未来满怀信心，创办新企业，则该企业对社会全体都有利。但是，只有当合理的计算结果由于动物本能而得到加强和支持时，个人主动性才会大到能兴办企业的地步。在个人主动性得到动物本能的加强和支持下，那种往往使创业者意志消沉而为经验所表明的最终要失败的想法会被放在一边，正如健康的人把对死亡的预期放在一边一样。

不幸的是：上述种种，不仅加深了萧条和危机的程度，而且使经济繁荣高度依赖于对一般工商业者合适的政治和社会气氛。如果对英国工党政府和美国新政的恐惧会抑制人们从事企业经营，其原因可以既不在于合理计算的结果，也不在于具有政治意图的策划——仅仅在于破坏了自发的乐观状态的微妙平衡。因此，在估计投资前景时，我们必须考虑到决定自发活动的那些主要人物的胆略、兴奋程度，甚至消化是否良好和对气候的反应。

凯恩斯还特别指出，股票市场的存在加强了资本边际效率的变化。虽然这一段与《通论》主旨关系不大，但是论述非常精彩。在凯恩斯看来，股票的价格很大程度上取决于股民的心理。凯恩斯认为，股票投资实际就是一种事先猜测心理的游戏。

他举了个选美的游戏。游戏规则：每人从100张照片中选出参与者认为是最美的6张，谁能够选出得票最多的谁就赢。因此，要想获奖，我们不需要挑选我们自己认为最美的6张，而是要猜大家都认为最美的6张。股票市场交易就是要猜测投资者的心理，即通过猜测投资者的心理取向来进行牟利的游戏。凯恩斯的这一论断强调了股票市场的投机性。作为为工商企业提供资金血液的金融业，金融市场是必要的，但是它固有的投机性也会贻害无穷。正确的做法是既保持金融业融资功能的顺畅，也要把投机性降到最低。凯恩斯写道：

如果投机者像在企业的洪流中漂浮着的泡沫一样，他未必造成祸害。但是，当企业成为投机的漩涡中的泡沫时，形势就是严重的。当一国资本的积累变成了赌场中的副产品时，积累工作多半是干不好的。以把华尔街当作一个其社会功能可以使新投资按照未来收益流入最有利渠道的机构而论，华尔街所获得的成功程度不能被认为是自由放任的资本主义的典范——这并不值得奇怪，如果我下面所说的是正确的话；我所说的是：华尔街的最好的头脑却在事实上被引导到一个与其社会功能不同的目标。

每当金融危机降临，凯恩斯的这番话就会重新回荡在我们耳边，发人深省。

7.5　传统的利息理论

> 唯有忍耐到底的必然得救。
>
> ——《圣经》

前面我们讲到，企业家对投资未来的预期——资本边际效率，和他们现在借贷资金所必须支付的代价——利率之间的不和谐变动，是造成经济周期的原因。也就是说，我们对于未来的预想，与当前我们所受约束的现实情况，往往并不合拍，这种不合拍表现在经济上就是：一旦资本边际效率超过利率，经济往往趋向繁荣；反之，则经济就会走向衰退。那么，为了让我们的理论以及我们对经济的理解更为完备，我们必须探讨决定利率的因素是什么。首先我们要弄清楚的是古典学派传统的利息理论，然后在之后我们来看凯恩斯关注的重点是什么。

利息是什么？这个问题很古老，在亚里士多德的时代，它已经成为学者们讨论的热门话题了。西方中世纪基督教神学是严厉禁止收取利息的。然而，事实上，无论道德家如何谴责，神学家如何禁止，利息现象从古至今，从未断绝。

我们曾在第5章谈到，现代经济是迂回生产的经济，为了得到最后的消费，我们必须忍耐，也就是说要忍住我们对当前的偏爱，而将我们的享受延迟到未来。对于这种时间上忍耐的报偿，就是利息。

笔者早年有一个很传神的例子可以说明这一点：幼年时暑假，母亲由于上班，为了安抚我和弟弟，每天给我们两毛钱作为买冰棍的费用。我往往拿到钱之后，就直奔镇东头的冰棍厂，一股脑儿将两毛钱全部买上冰棍，回到家一口气吃光。我弟弟则每天上午买两三根冰棍，到了中午天气最热的时候，再买若干支回来。然而此时我已经囊中告罄，口渴难耐。他便会以两倍到三倍的价格赊卖给我一根冰棍。一个暑假下来，他可以从我可怜的冰棍津贴里赚到两三元钱，相当于我10到15天一根冰棍都没得吃。我弟弟从他对于时间的忍耐中赚得了利息。因为人人都喜欢在当前消费，人人都有及时行乐、今朝有酒今朝醉的心思，所以，能够忍耐住这种放纵和短视，就应该获得报偿。利息是对人们在时间上忍耐所得到的报酬。

那么，西方传统经济学是如何看待利率的呢？在这个问题上，他们把利率看成是资金的价格。这就是可贷资金市场理论。假设在一个资金的市场上，我有多余的收入，没有用于当前消费。我带着一袋钱来到这个市场上，等着愿意投资的人们，出一个好价钱把我的这袋钱拿去投资；等到了规定的时间，他们要为我这一袋钱的使用支付一个代价，这个代价就是利息。也就是说，利率是钱的价格，当然，这个价格是对钱的使用权的价格。传统经济学家认为，储蓄、投资和利率之间有着一定的函数关系。利率越高，人们就越愿意储蓄，也就是供给资金，而不愿意用于当前的消费；利率越低，人们越不愿意储蓄，资金供给的就越少。相反，人们之所以愿意投资，总是为了获得投资得到的收益。如果投资的资金需要支付的代价过大，即利率过高，则企业家就不愿意投资。只有当投资利益大于或者至少等于其支付的利率时，企业家才愿意进行投资。

那么，为什么利率提高，生产会下降呢？我们假设存在甲、乙、丙、丁4个项目，预期收益率分别是20%、15%、10%、5%。如果利率很低，比如为3%，那么企业家会让4个项目全都上马，因为每个投资项目都能带来正的收益。然而，如果利率提高到13%，则只有甲、乙两个项目勉强上马，生产活动会大幅下降。

传统的利息理论认为，在可贷资金市场上供给和需求双方达成一致，此时，利率起到了平衡二者的作用，也即在资金供给曲线和资金需求曲线相交的时候，储蓄和投资相等，利率为均衡利率。

凯恩斯认为，传统的利息理论是错误的，主要原因在于储蓄首先是国民收入的函数。因为我们在前面说明过，凯恩斯的消费倾向理论认为消费量是收入的函数，而储蓄是收入减去消费后的差额，那么储蓄也应该是收入的函数。这样一来，不同的收入水平就有不同的储蓄，即资金供给曲线，它们和资金的需求曲线相交，就出现了很多个利率。这一问题后来通过约翰·希克斯的努力而得到解决，这就是 IS-LM 分析的来源，他的分析得出了国民收入和利率同时决定的机制。希克斯也因此获得了诺贝尔经济学奖。

7.6 凯恩斯的利息理论（上）：货币供给

> 只要我能控制一个国家的货币发行，我不在乎谁制定法律。
>
> ——梅耶·罗斯柴尔德

凯恩斯和古典经济学派在利率的看法上是不相同的。凯恩斯认为，利率不能平衡可贷资金市场上的供给和需求，这是由货币的供给和需求决定的。

这里的货币，大体指的是社会流通中的硬币、纸币以及银行存款的总和，这个数量可以通过国家的货币政策所控制、调节。关于货币供给数量这一点，我们需要在这里稍微提及。在现代社会，货币供给主要是通过中央银行、商业银行系统共同创造出来的。要想了解银行系统是怎么创造货币的，首先请记住这几个事实：

第一，货币不但包括硬币、纸币，还包括银行及其他中介机构的存款。货币不只是印钞机印出来的现金，银行创造出来的存款也是货币。

第二，银行吸收存款，并发放贷款，贷款人一般不会全部提取现金，会是以存款的形式将这些贷款重新存入银行，货币也就被不断重复创造出来。

第三，银行创造货币的能力要受到中央银行规定的存款准备金率的限制，准备金是银行吸收存款必须留下不能贷出的部分。一般而言，存款客户不会在同一时间把所有钱同时取走，但是银行也不能把太多的钱贷出，以免引起挤兑造成银行破产。

现在我们来举一个例子说明银行如何创造货币。首先，假设中国人民银行买入了100万元国债，某金融机构是卖给中央银行的政府国债的原持有者，得到了中国人民银行的一张100万元支票。该金融机构把它存入甲银行。甲银行存款增加了100万元，即流通中的货币增加了100万元。现在假设法定存款准备金率是10%，那么，甲银行得到这100万元以后，会把其中的10万元留下作为存款准备金，把剩下的90万元贷给A先生。A先生得到这张90万元支票后，把钱存入了乙银行。乙银行的存款增加了90万元，流通中的货币增加到了190万元。依此类推，乙银行继续留下10%，把剩下的81万元贷给B女士，然后B女士又把它存入了丙银行。丙银行增加了81万元，流通中的货币增加到271万元。这个过程会一直持续下去，只不过每一轮创造出来的贷款越来越少。回忆一下我们前面讲到的投资乘数创造国民收入的过程，和它类似，那么根据同样的计算过程，我们可以得到最终的货币创造1 000万元。

如果我们仔细观察，就会发现，银行所能创造出来的货币数量和存款准备金率有关。存款准备金率越高，银行所能创造出来的货币量越少；存款准备金率越低，银行所能创造的货币量越多。如果存款准备金率为100%，也就是说银行的所有存款都不能作为贷款贷出，那么银行就创造不出额外的货币；如果存款准备金率为零，则银行可以创造出无穷多的货币。当然，这是很理想化的情形。现实生活中，存款准备金不可能取这样的极端，当在两者之间。所以，银行体系可以创造货币，但它创造货币的能力取决于存款准备金率的高低。

中央银行通过公开的证券买卖市场所增加的货币量与银行体系所创造出来的流通中的货币量之间的比率，就是货币乘数。在上例中，货币乘数就是10，即存款准备金率的倒数。当然，我们这里讨论的是最简单的情况。如果考虑到现实中的各种因素，货币乘数就不是简单的存款准备金率的倒数，可能要比这个数值小些。如果拿到贷款的人没有把所有的钱全部存入银行，那么，这就会使货币乘数变小，银行所创造的货币量也就少了。在上例中，如果某金融机构不是把100万元全部作为存款存入甲银行，而是把其中10万元放在自己的手里，持币观望，只将90万元存入银行，那么这10万元就丧失了货币创造的能力。这被称为货币漏出。

中央银行的货币政策通过影响银行系统和金融体系，而控制着货币数量的供给。这就是凯恩斯所提及的利率决定的货币供给方面。因为这是经济学家们所非常熟悉的内容，在《通论》中他仅仅是一笔带过。但是，对于我们的理解而言，全面介绍凯恩斯的利息理论是很有必要的。

7.7 凯恩斯的利息理论（中）：货币需求

> 美国人不生产、不储蓄，只消费和借贷，加上印制美元。
>
> ——彼得·希夫《美元大崩溃》

一般而言，我们持有现金是不明智的。如果我们播下一粒种子，十年之内，即便我们不再付出任何劳动，它长成大树也会带给我们收入。忍耐一定的时间，我们就会获得一个最低的利息，欧文·费雪称这个利息为"自然利息"。理性的人绝不会无缘无故地牺牲这应有的利息。那么，人们还是持有部分现金，必然是有原因的，这些原因正是凯恩斯所称的流动性偏好的动机。根据凯恩斯的分析，流动性偏好——人们愿意持有现金的偏好——的动机可以分为四种类型：

一是收入动机。我们愿意持有现金，是为了在两次发工资之间进行支付。为了应付日常开支，我们总是需要一定数量的现金。这个动机的强弱主要取决于收入的多少以及两次收入之间时间的长短。

二是业务动机。这主要是对企业而言，企业也必须持有一定量的现金，主要是应付一些零星的业务开支，以及必须用现金支付的项目，如工资、差旅费等。这种需求的强弱程度主要取决于现行产量的价值以及售卖商品的环节。

三是谨慎动机。这主要是为了应付突发事件，无论个人还是企业，甚至国家皆然。有的时候我们还会有更好的机会，比如突然遇到商店这个星期打折，或者突然遇到某个店这两日店庆，如果没有一笔现金在手，机会就白白丧失了。

这三个动机的强弱都部分地取决于需要现金时以某种暂时借贷的方式取得现金的代价的高低和可靠性，特别比如银行卡透支、信用卡消费的代价和可靠性。如果我们需要现钱时能够不费吹灰之力地取得，那么就没有流动性偏好这个概念了。综合上述三个动机，我们可以把它们称为持有现金的相对成本。如果持有现金的代价是牺牲掉对有利可图的资产的购买，那么就会增加成本，从而削弱持有一定量现金的动机。然而，凯恩斯认为，除非这种相对成本有较大的变动，这很可能只是一个次要原因。凯恩斯认为影响货币需求的一个主要的原因是下一条的投机动机。

四是投机动机。如果人们认为，他们能从投机中赚到比利息更多的收入，那么他们就会在手中存放一笔现金，以备将来投机之用。比如我们不知道哪一天股市会大涨，所以我们愿意在手头放一笔钱，以备炒股之用。关于这个动机，一方面凯恩斯认为一般人对它理解得不够充分，另一方面该动机在导致货币数量的改变所造成的后果上，也有着特殊的重要性。一般而言，满足交易动机和谨慎动机的货币量主要取决于整个经济制度的一般活动和货币收入的水平。然而，正是由于能利用投机动机的作用，所以通过对货币数量的控制能施加对经济制度的影响。经验表明，为了满足投机动机而引起对货币需求的总量呈现出随着利率的不断改变而继续做出改变的状态；也就是说，凯恩斯认为，在投机的货币需求量变动和债券或其他债务证券的价格变动之间，存在一种关系。这种关系是通过利率联结起来的。当利率上升时，债券价格会下降，那些持有债券的人将会发生损失，因此在利率较低时，人们会持有较多数量的现金和较少数量的债券。相反，在利率较高时，人们会持有较多数量的债券和较少数量的现金。

关于投机动机对人们持有现金的影响，《通论》的解释比较复杂。凯恩斯的想法基本上是这样的，只有当投机所带来的利益大于利息时，人们才会在手中存放一笔现金，以备投机之用。利率越高，投机的利益超过利息的可能性越小，从而人们存放的现金数量越少；利率越低，投机的利益超过利息的可能性越大，从而人们存放的现金数量越多。因此，由于投机动机而存放于手中的现金数量与利率呈相反的关系，即利率越高，现金数量越少；利率越低，现金数量越多。

综合上面的四种动机，我们可以发现，人们对于货币的流动性偏好，一来受货币收入的影响，二来受到利率的影响，这样货币需求就是货币收入和利率两个变量的函数。

一旦国民收入为既定条件，在货币需求量和利率之间存在的这种反向关系，就是凯恩斯认为的对货币的需求曲线。

7.8 凯恩斯的利息理论（下）：供求平衡与流动性陷阱

> 他因望穿栅栏，而变得视而不见。
>
> 似有千条栅栏在前，世界不复存在。
>
> ——里尔克《豹》

货币需求曲线表达了人们对于货币的流动性偏好，即持有现金的偏好与利率之间的关系。这样，我们就可以看到一条向右下方缓慢倾斜的平滑曲线，在坐标轴的纵轴上是利率，横轴上是货币的需求。同时，根据 7.6 部分我们知道，货币的供给数量取决于中央银行的政策，它可以通过公开市场操作、法定准备金率和再贴现率等货币政策的改变来增加或减少货币的供给。所以，货币的供给数量被假定为不受利率的影响，那么反映在我们这个供求图里，货币供给曲线应该是一条垂直于横轴的直线。供给和需求曲线相交之处，我们便取得了均衡的利率和均衡的货币数量。

均衡的情况将如何发生转移取决于货币供给和需求两方面的变化。

首先，我们来看供给方面。假如中央银行现在决定在公开市场上购买 100 万元政府债券，那么根据我们在 7.6 部分的分析，在法定存款准备金率为 10% 的条件下，将会增加 1 000 万元的货币。当然，这是理想情况下，现实中可能创造的比这个数值要小些。但是，可以肯定货币数量将会增加，那么货币供给曲线将会向右平移，除非公众的流动性偏好的增加超过了货币数量的增加，否则，我们将会看到利率水平下降和货币总量的增加。较低的利率不会减少储蓄，相反，它会刺激投资支出。在我们的经济处于非充分就业，即我们经济中仍有大量用于生产的资源处于闲置状态的时候，国民收入将会因投资增加而增加。

其次，我们再来看货币需求方面。假设中央银行现在实行降息政策，利率下降，债券价格将会上升，人们不再愿意将钱存入有利息的银行账户或者购买债券，变得更愿意持有货币。当然，这并不表明货币需求曲线本身发生了移动，而是说均衡的点沿着货币需求曲线移动而已。一旦人们的收入水平发生了变化，为了完成交易需要更多的货币参与，或者人们普遍对未来更好的投机机会抱有良好的预期而需要更多现金在手边，货币需求曲线就会向右上方平移，在货币总量不变的情况下，提高利率，形成新的均衡利率。这就是货币市场的均衡。

凯恩斯还提出了一种极端的货币需求情况，那就是著名的"流动性的陷阱"所表达的情形。一般而言，利率不会使得货币需求曲线变成一条水平线，但是在利率降到非常低，即低于某一个很小的值时，人们认为，为了投机动机而持有现金的代价，即必须牺牲掉的利息，已经变得微不足道，因此他们愿意为了投机动机而持有任何数量的现金，甚至达到无穷大的程度。低于这个微小的利率值，我们就说货币需求陷入了"流动性陷阱"。这个现象对货币政策具有一定的现实意义。如果确实存在"流动性陷阱"，那么就意味着，当利率降低到一定低的水平时，不论国家所增加的货币数量为多少，利率也不会再继续下降。这就会给降低利率以便刺激经济活动的货币政策带来了困难。

总结一下，凯恩斯的利息理论认为，利率由对货币的需求和供给所决定。对货币的需求取决于以上所述的关于流动性偏好的诸种动机；货币的供给则被认为是由国家所控制的。在凯恩斯看来，和古典学派不同，他不再认为利息是等待的收入，以及是由资金的供求决定。他所建立起的流动性偏好理论，以一种新的解释更好地将现代信用货币经济的特点统合起来。

凯恩斯的这一理论被后人所发展，用以建立模型进行货币需求衡量。伟大的货币经济学家詹姆斯·托宾在这方面做出了杰出工作，他后来也因此荣获了诺贝尔经济学奖。

凯恩斯精心构建了关于投资背后深层原因的理论体系，从资本边际效率出发，确定了投资需求曲线的形状，到市场利率，它是由货币的供求决定的，终于我们可以完整地讨论投资水平和国民收入之间所有的逻辑链条了。

7.9　古典学派与凯恩斯：谁笑在最后？

象为何类？

其触牙者即言象形如芦菔根；其触耳者言象如箕；

其触头者言象如石；其触鼻者言象如杵；

其触脚者言象如木臼；其触脊者言象如床；

其触腹者言象如甕；其触尾者言象如绳。

——《大般涅槃经》卷三十二《狮子吼菩萨品第十一之六》

106

　　凯恩斯在讲完了他的利息理论和货币需求理论之后，在《通论》的第16章，继续抨击古典学派主张的储蓄直接导致投资的观点。这里，凯恩斯的确有些"宜将剩勇追穷寇"的意味了。事实上，在凯恩斯之前，伟大的瑞典经济学家、瑞典学派的创始人维克赛尔早已阐述过同样的观点，只不过由于语言的原因，他的分析没有得到英语国家人们的重视。所以，一方面，凯恩斯重新进行这种挑战式的论述是必要的，但是，从另一方面来看，凯恩斯似乎也有些过甚其词。的确，如我们在第4章所述，古典学派所假想的世界，是相对而言简单的经济，甚至是鲁滨孙·克鲁索式的经济。在这样的社会里，许多储蓄当然会直接进行投资，比如农场主投资改良农场，或者苏格兰的铁匠将头一天生产所得用于第二天添置一个新的炼铁炉等。凯恩斯自己也确实承认这一点。在《通论》中，他曾写道，储蓄动机之一是要实现发展事业计划。他还不止一次地承认，有些储蓄是直接进行投资的。但是，在现代经济条件下，储蓄者和真正的投资者之间，已经划开了一道鸿沟，他们是属于不同集团的。在当代宏观经济学中，我们称一方为家户，另一方为厂商，只有家户才进行储蓄，只有厂商才会投资。

对凯恩斯来说，真正重要的事情是要看清楚：储蓄倾向的增加，即我们日常节约的增加，并不会增加投资量。相反，由于它会引起消费的减少，收入会下降。而收入的下降，又将会引起投资跌落，从而储蓄量也会下降。凯恩斯过于依赖他的货币供求决定利率的理论了。在他看来，利率完全可以全部由灵活性偏好以及货币数量来予以充分的解释，储蓄倾向的增加不会影响利率。事实上，凯恩斯的理论在讨论短期情形，尤其是在讨论生产资源有较多的闲置时才是相对有效的。从长期来看，储蓄是投资的源泉，我们未来的生产能力在受惠于技术和知识的条件下，还受资本存量的影响。这些存量必然是我们牺牲消费而积累下来的。但是，在短期，尤其是在经济陷入萧条的情况下，储蓄过多，将会带来有效需求的不足，同时，在现代经济条件下储蓄并不一定自动转化为投资，他需要企业家的动物精神——投资冲动。这些都是需要认真加以甄别的。

凯恩斯的“流动性陷阱”概念遭受了第二次世界大战后计量经济学家们的冲击。他们通过统计数据进行的计量经济研究，并未发现存在过任何以货币需求具有完全弹性形式的流动性陷阱的存在。也就是说，不存在这样低的一个利率，使得人们都将货币拿在手中，货币政策由于无法通过继续降低利率来实现投资支出增加，使得经济扩张达到充分就业。

凯恩斯研究专家保罗·戴维森指出，如果那些主流经济学家详读《通论》，他们就会知道，凯恩斯已经详细说明，对货币的投机性需求方程是直角双曲线，永远不会达到完全弹性的那一阶段。他自己也表明，历史经验并未出现过流动性陷阱这样的情况。也就是说，无论从理论上还是从经验上，凯恩斯都拒绝了流动性陷阱的存在。

戴维森甚至认为，第二次世界大战后的主流凯恩斯主义经济学家们或者从未读过凯恩斯的著作，或者根本就没有真正理解过凯恩斯的著作。学生们在有勇气去阅读《通论》之前，就被告知该书晦涩难懂、极易混淆，吓退了他们的阅读斗志。著名宏观经济学家格利高里·N.曼昆就曾经写道："《通论》一书晦涩难懂……它是一本过时的好书……我们在解决经济如何运作这件事情上，处在比凯恩斯更好的位置……很少有宏观经济学家像凯恩斯那样不看好古典经济学……古典经济学在长期是正确的。而且，今天的经济学家对长期均衡更感兴趣……古典经济学得到了广泛的接受。"

事实上，戴维森说，我们很难同意曼昆的看法。他似乎是在告诫学生不要去花费时间阅读这本过时又晦涩的名著，然而，在我们的世界经济陷入萧条的时候，全世界的目光又不约而同地聚集在这本书上。这本书的思想胜过了很多所谓的凯恩斯主义者的教条式教科书。

08 | 货币与物价：揭开皇帝新衣

8.1　古典学派眼中的"货币与物价"

> 对那些受教于古典经济理论的人来说，
> 货币的中性就是宗教信条，
> 是无须证明或辩护的。
>
> ——保罗·戴维森《约翰·梅纳德·凯恩斯》

凯恩斯建立了他充满思想诱惑的理论体系，意图仍是关注他那个多灾多难的时代所面临的重大问题：如何摆脱第一次世界大战以来英国的萧条状况，乃至美国和全世界的经济衰退。他的解决方案有两个：货币政策和财政政策。不管是货币政策还是财政政策，都是向社会注入更多的购买力。我们在第6章特别提到了政府的财政政策，哪怕政府仅仅是雇人在地上挖窟窿找金子，但是通过支付工人货币工资，给工人注入了购买产品的能力，仍然可以把生产过剩的产品卖掉，这样企业可以恢复正常运营，资本主义就走出失业和生产过程的危机了。现在，我们更多地来关注一下第7章重点探讨的货币政策。

在这里，我们稍微区分一下货币政策和财政政策，这主要是根据预算融资的情况来划分的。财政政策常被定义为靠债券支持的政府支出和税收的变化，也就是说，中央银行的货币供给没有变化，政府支出增加或税收下降要靠发行债券来支持。货币政策则被定位为同政府债券变动额度相当但是方向相反的基础货币——基础货币就是现金和商业银行的准备金——的变化，这种货币与债券之间的置换就是中央银行的公开市场操作。这一操作不会影响到财政政策，除了公开市场操作之外，货币政策还包括法定存款准备金率和再贴现政策。

向社会注入更多的货币，会使得货币数量增加，根据古典学派的理论，这样并不会影响真实的就业和产出，只是使得价格上涨。这就是古典经济学的货币数量论。凯恩斯当然是反对这一货币中性的理论的，因为根据传统的货币数量论，凯恩斯所极力提倡的货币政策和财政政策是无效的。为了反驳这一点，凯恩斯提出了他的物价理论。那么，什么是货币数量论呢？这是我们在深入理解凯恩斯的物价理论之前需要了解的知识。

传统货币数量论认为，货币只有交换媒介的功能，那么，人们持有现金的原因只能是满足交易支出的需要，因为持有货币会损失利息。一般来说，货币数量论用这样一个公式来表示：

$PY=MV$

其中：P是价格水平；Y是生产出来的总产品；M是经济中所需的货币量；V是货币流通速度，也就是在一定时间内货币周转的速度，这个值一般而言在短期内并不会改变很大，因为它主要取决于社会习俗、生活习惯和制度等因素。

根据这个公式，我们可以看到当经济处于均衡状态时，只要Y（国民产出）是固定的，价格就只受货币量的影响。如果货币数量增加1倍，那么价格水平也会跟着增加1倍。也就是说，货币数量的增加不会提高国民收入或就业量，而只能造成物价上涨。如此一来，就意味着以增加货币量为手段的货币政策和财政政策不能解决失业和萧条问题。

这就是19世纪的经济学家们所普遍持有的一个信仰：货币中性公理。这一公理认为，经济中货币数量的变动对经济系统的就业和生产总水平完全没有影响。在货币中性的经济中，就业和产出都是由货币以外的其他因素决定的。直到今天的主流宏观经济学教科书，货币中性都是基本公理之一。美国国民经济研究局的著名宏观经济学专家奥利弗·布兰查德曾坦率地批评道："我们所看到的所有模型都以货币中性为既定前提。这真是一个基于理论考量而非经验证据的信仰问题。"对于货币中性的假设，仅仅是主流宏观经济学家们的内心信仰，他们就可以说，只要政府消除对市场的所有管制，只要国际组织致力于使各国政府尽量少干预市场，使得所有的市场都能够实现自由化，各国经济就会自然而然地达到充分就业。显然，如果我们没有对货币中性的公理有着良好的认识，我们并不能科学地回答这一推理的真理性何在。

8.2 凯恩斯眼中的"货币与物价"

> "可是他什么衣服也没有穿呀！"
>
> 一个小孩子最后叫出声来。
>
> "上帝哟，你听这个天真的声音！"爸爸说。
>
> 于是大家把这孩子讲的话私自低声地传播开来。
>
> ——安徒生《皇帝的新装》

通过第6和第7章的介绍，我们大概知道，根据凯恩斯的理论，如果货币供给增加，那么利率就会下降。如果企业家的资本边际效率，即对未来利润率的预期不变，利率的降低会促使他们进行投资。再根据第6章所阐述的凯恩斯的乘数理论，投资的增加会通过乘数作用，使得国民收入成倍增加，就业人数也会上来。可是，这里我们还没有看到价格的变化情况，而我们知道，货币是度量商品价值的尺度，如果这个尺度变了，商品价值也应当有所变化。这就好像说我们过去设定鞋是26码的，但是现在我们普遍把刻度变得更小，原来的26码，现在要用260的新码来表示。根据古典经济学的货币数量论，这当然是没有影响的，那么凯恩斯又如何解释货币数量对价格水平的影响呢？

就这个问题，凯恩斯说：为了说明这里牵涉到的观点，我们进一步简化并且做出下列假设条件：（1）所有的失业资源都是相同的，而且在进行生产时可以相互代替使用，同时又具有相同的效率。（2）只要存在失业，他们便不会要求增加现行的货币工资。在这种假设条件下，只要存在任何失业现象，生产的规模收益和货币工资单位均保持不变。就是说，只要存在任何失业现象，货币数量的增加对价格没有任何影响；就业量会和货币量的增加所导致的有效需求同比例增长。与此同时，一旦达到充分就业以后，货币工资单位和价格与有效需求同比例增长。可以看到，只要存在失业现象，供给曲线便具有完全的弹性；一旦达到充分就业以后，供给曲线就完全没有弹性。如果有效需求和货币数量保持相同比例的改变，那么，货币数量论可以被阐明如下：只要存在失业现象，就业量会和货币数量做出相同比例的改变；当充分就业存在时，价格水平会和货币数量做出相同比例的改变。

从这里，我们可以看出，凯恩斯的意思是说，如果经济处于萧条状态，那么必有大量的人力和机器设备被闲置不用，这个时候货币数量的增加不会引起物价水平的上涨，因此，国家可以使用增加货币的政策，直到经济达到充分就业的时候为止。

然而，这仅仅是在比较严格的假设条件下才成立的。凯恩斯认为，会有五个原因使得严格条件受到威胁。高鸿业教授曾经就此做过总结：

第一，我们增加的那一部分货币数量里，有一部分要用来降低利率，然后通过投资乘数的作用，使得有效需求提高。但是，另外一部分也确实会抬高物价水平。也就是说，货币数量和有效需求的增加，不大可能保持同样的比例，增加的货币无法都用来提高有效需求。

第二，就业增加时，新参加工作的工人可能有不同的劳动能力，也就是说他们有着不一样的生产能力。但是，按照一般的社会常规，同样的劳动者往往得到同样的报酬，市场在短期里无法区分他们。这会增加生产成本，从而提高价格。

第三，就业量的增加使得劳动者有着越来越大的提高工资的要求，同时，就业量改善了，企业家也更愿意接受这种要求，工资提高，于是成本上升，价格就上去了。

第四，社会资源在经济萧条的时候，并不一定在各个具体的资源上都保持同样的状况。随着就业量的增加，在有些资源尚未被充分利用的时候，另外一种资源可能已经成了稀缺资源，从而会形成资源的瓶颈现象，处于瓶颈现象的资源价格会上升。

第五，各种生产要素价格并不会同比例上升，有些生产要素更容易使得价格上涨。比如，土地价格在经济走向繁荣时，最为敏感，因为这样的要素供给是一定的，土地的总数不会增加，人们预期到这一点，购买土地使用权的意愿就会增强，使得它比其他生产要素上升得快。

凯恩斯的这个回答略显复杂和冗长。其大意是：在充分就业到来之前，货币数量会使得物价比较缓和地上升；但是，如果充分就业到来之后，这二者就会同比例变化了。

综观凯恩斯的物价理论，显然和古典经济学在一点上有着不同，那就是凯恩斯认为现实经济生活是不完美的，资源并未得到充分的利用，社会上存在不自愿失业。所以，在这种情况下，货币数量和物价水平之间的关系不再像古典经济学假设得那么简单。古典经济学的世界，仅仅在理想的条件下才能实现。这个理想就是，经济永远充分利用了各种资源，失业仅仅是我们不愿意就业，人们无论就业与否，都过着自由而有尊严的生活。

危机，成了皇帝的新衣，凯恩斯就是那个说真话的孩子。

8.3 降低工资为什么不可行？

> 任何一个问题的最大敌人就是这个问题的教授们。
>
> ——威廉·詹姆士

面对世界的大萧条，以庇古为代表的古典学派对危机束手无策。他们没有像凯恩斯建议的那样，实施宽松的财政和货币政策，提高就业，提高有效需求；相反，他们的建议是继续削减工资。

庇古教授认为，劳动力市场的供给和需求与普通商品市场的供给和需求并无太大差别，唯一的区别是劳动力不是厂商所直接消费，而是由于商品市场的需求而导致的所谓引致消费。所以，只要劳动力市场是均衡的，就意味着所有愿意接受现行工资的人都已经就业了；否则，劳动力的价格——工资就应该下降，使得劳动力就业扩大，也就是工人就业人数增加。古典学派的学者还认为，在资本主义社会中，工会组织人为地把工资提高，导致劳动供给大大超过了需求。也就是说，工会提高了工资水平，使得在这样的工资水平下很多人愿意工作，这超过了企业在现有工资水平下愿意雇用的数量。因此，解决问题的唯一办法就是——削减工资！压制工会屈服！

在拯救美国通用汽车的案例里，的确，我们看到这样的现象。通用汽车面临巨额亏损，在职员工26万人，但是退休员工高达50万人，他们每个月都要领取3 000美元的养老金。这拖垮了通用汽车，工会在与管理层的谈判中拒不削减工人福利，管理层只能寄希望于美国国会审议通过救助他们的法案。

通用汽车的例子似乎说明了古典学派理论的现实基础，但是，凯恩斯认为，如果我们削减工资，可能根本达不到原本想达到的实现充分就业的目标。他提出的批评有两点，我们在第4章的反对削减工资部分已经介绍过。第一，削减单个企业的工资是没有用处的，比如我们仅仅削减通用汽车的工资是没有用的。第二，如果政府将所有企业的工资都削减了，那么，这又会引起全社会的购买能力下降，这样物价水平也跟着做出调整，按同样的比例下降。结果是，整个社会的实际工资仍然保持在原来的水平，削减工资的努力就白费了。因此，解决危机的办法绝不是如传统的方法那样，削减工人工资，因为此时有着如此众多的失业者愿意接受低工资，削减工资并不能提供更多的就业机会。削减工资会引起劳动者对企业家的对抗，激化矛盾，反而增加了问题解决的难度；同时，在操作方法上没有可行性。

如果我们削减工资，全社会都来削减货币工资，整个社会的国民收入和购买力都会下降。因此，即使削减工资会增加企业利润，从而增加生产，那么，由于购买能力下降，老百姓没有足够多的钱购买企业生产出来的产品，产品的积压也会迫使物价水平下降。如果物价水平下降，那么，工人的实际工资反而提升了，企业也可能变得无利可图。所以，凯恩斯认为，削减工资不但不能达到削减实际工资，从而消除失业的目的，反而会造成心理上的恐慌，使生产进一步萎缩。

针对凯恩斯的批评，古典经济学家庇古先生认为，凯恩斯忽略了价格下降对消费的影响。消费不仅是实际收入的函数，还是私人部分净财富实际价值的函数。也就是说，如果你有两套房产或者一些股票，那么，你的消费就不仅看你的工资水平，还要看你所拥有的净财富。在未达到完全就业的情况下，也就是说，经济中存在大量失业的时候，工资和价格水平的下降会使得私人部分的净财富的实际价值上升，从而拉动消费需求上升。这就是著名的庇古效应，又被叫作财富效应。

按照庇古效应，削减工资的办法真的可以解决失业问题吗？事实上，连庇古本人也承认，虽然在理论上可以做到这一点，但是，事实上是很难办到的。如果这一效应确实存在并且产生效应，那么等到它发生效应的时候，没有饿死的失业工人怕也剩不下几个了。

8.4 凯恩斯主义的工资理论

> 摩尔认为在事物的所有内在价值里，
>
> 价值最高的只能是人的心态，
>
> 而在人的心态里，
>
> 人际交往所带来的快乐和对美丽事物的享受又具有最高价值。
>
> ——斯基德尔斯基《凯恩斯传》

传统的工资理论，强调对劳动力的供给需求分析。工资作为劳动力的边际生产力价值，即增加一个工人所带来的产量增加量的价值，必然在市场上与企业的需求相适应。同时，工人愿意供给劳动，也就是愿意参加工作，出于工资带给他的效用和劳动带给他的痛苦之间的衡量。因此，对于企业来说，当前的工资是劳动者边际生产力的货币支付。这是边际分析中的边际定价理论，就是说，我们并不按照劳动者创造的所有价值定价，而是按照雇用的最后一个劳动者所创造的价值来定价。

分析这一理论，最著名的例子就是钻石和水的悖论。钻石很贵，但是于人用处不大；水很便宜，但是人们须臾不可离。二者的定价，不是根据所有钻石和所有水之间的权衡，而是根据最后一单位的商品带给我们的满足。钻石虽然用处有限，但是由于钻石比较少，最后一单位对我们来说还是很难求得，而水就不然了，水的量非常丰富，几乎不用专门努力就可获得，所以钻石要比水贵。这是亚当·斯密提出的古老问题，由边际革命后的经济学家所解决。之前的劳动价值论在这个问题上很难清楚地解释之。根据这样的理论，再结合前面我们一直提到的古典学派的就业理论：劳动者之所以参加劳动，是因为劳动的报酬带给我们的正效用，正好和劳动本身带给我们的负效用相抵；否则，劳动者就不愿意工作，而自愿失业。

116

关于这一传统的工资理论，凯恩斯并非全部反对，他所反对的仅仅是供给曲线，而不是需求曲线。也就是说，他不反对，劳动者的工资应当由其所创造的边际劳动产品价值所决定，但他不认为在所有的情况下，就业量都是实际工资的函数。凯恩斯只是认为，在名义的工人货币工资不变动的情况下，物价水平上升，导致工人实际收入水平的下降，从而达到充分就业，这一设想并不是有效需求变动的原因，而是有效需求变动的结果。也就是说，工资的变动是经济波动的后果，而不是造成波动的原因，因此导致实际工资的下降不是解决失业的好办法。

后来的新凯恩斯主义经济学家对于实际工资的刚性给出了新的解释，这是对凯恩斯工资理论的补充。他们的解释主要有两种：

第一种解释是效率工资理论。效率工资理论认为，由于工人的劳动生产率以及努力程度，依赖于企业支付给他的实际工资，因此如果削减工资，就会损害生产率，引起单位产品的劳动成本上升，那么为了保证效率，企业宁愿支付高于市场均衡水平的实际工资，也不轻易降低工资。工资具有向下的刚性，是符合企业利益的。在历史上，最著名的效率工资的例子，就是福特汽车公司的创始人亨利·福特给他的企业员工高出其他企业工人几倍的工资，取得了生产的高效率。根据当时的一份调查报告："福特的高工资摆脱了惰性和生活中的阻力……工人绝对听话，而且可以很有把握地说，从1913年的最后一天以来，福特工厂的劳动成本每天都在下降……旷工减少了75%，这表明工人的努力程度大大提高了。高工资改善了工人的纪律，使他们更忠实地关心制度，并提高了他们的个人效率。"

第二种解释就是所谓的内部人–外部人假说。内部人是指在职员工，外部人是指那些失业工人。内部人拥有一定的权力，至少可以部分地决定工资和就业决策。这些权力来源于员工变动成本，还包括劳动市场的成本、广告和筛选成本、就工作条件谈判的成本、法定的解除就业补偿金和诉讼成本等；其他重要的成本与生产有关，来自于培训新员工的需要，以及内部人与新员工合作或压制他们能力所带来的成本。正是由于内部人有一定的权力，所以企业考虑到这一现实情况，一般会维持较高的工资水平，从而关闭了更多工人加入的大门，即便他们要求的工资可能更低。

凯恩斯的工资理论以及物价理论，新凯恩斯主义都有所补充，然而，有些不见得是凯恩斯所同意的。凯恩斯的学生曾经认为，凯恩斯的物价理论必须建立在非完全竞争的市场上，即垄断市场或者垄断竞争市场之上，而不是竞争性市场之上。凯恩斯生前就曾指出，事实上，他所指出的价格具有向下的刚性乃是出于真实的经验，并一定和具体的假设模型相一致。

凯恩斯是一个经验主义者，这一点，是他从乔治·摩尔这位伦理学大师那里学到并秉持终生的一个信念特征。

118

8.5 《通论》之"通"及其思想的传播

> 沧海横流，方显英雄本色。
> ——郭沫若《满江红》

现在，我们已经浏览了凯恩斯《通论》一书所展现给我们的主要景观。虽然20世纪另外一位著名的经济学家弥尔顿·弗里德曼声称：《通论》到第18章以后就没有对当代经济学有什么贡献了，但是我们还是认为直到这本书的前21章，凯恩斯的理论体系完整地建立起来，与传统的古典经济学有着明显的分歧。在凯恩斯的眼里，古典学派的世界过于理想化，不是我们生活的这个世界的常态，如此理想的世界仅仅是现实生活中惊鸿一瞥式的存在，把它看作理论所面对的经济常态，是非常荒谬的。

这就是凯恩斯《通论》之"通"的由来。

凯恩斯《通论》的全部理论体系，即讨论国民收入和就业量的最终决定，根本取决于三个变量：消费倾向、资本边际效率和利率。在这三个变量的背后，是凯恩斯所假设的三条心理规律：边际消费倾向递减规律、企业家预期所决定的资本边际效率以及人们对于货币的流动性偏好。正是它们的共同作用，总供给曲线和总需求曲线才能够最终相交在均衡点上。凯恩斯自认，他的理论体系能够解释包括古典学派所特别关注的充分就业在内的一切就业量的决定，这也就等于他认为自己的体系完全可以分析任何情况下的国民收入决定。而传统的古典经济学只能分析充分就业这样一种情况。传统经济学信奉萨伊定律，认为总供给会永远等于总需求，从而资本主义永远处于最好的状态——充分就业。凯恩斯认为他在构建自己的理论体系之时，一方面驳倒了传统的就业论、利息论和货币论，另一方面又创造出了三种与之相应的理论，因此把自己的书命名为《就业、利息和货币通论》。

凯恩斯曾经这样描述自己的思想历程："我们这批人在成长过程中的精神因素包括柏拉图对善的自身存在的追求，某种比阿奎那式的经院主义还要严格的信条，加尔文教的那种对名利场中的快乐和成功的排斥，以及'少年维特之烦恼'式的全面压抑。"这种精神集中体现在了他的《通论》之中。

然而，凯恩斯的这一思想在世界的传播也很富有戏剧性。美国著名经济学家萨缪尔森在此书刚出版的时候，刚刚大学毕业，他曾生动地描述道：《通论》对经济学者而言，好像一种前所未有的细菌对一个孤立海岛部落的袭击；其中大多数35岁以前的人都感染上了这种疾病；50岁以后的人却对它有免疫力。与此同时，在其间的人开始出现了疾病的征兆，而往往不知道或不承认感染上了。

事实的确如此。当时很多成名的经济学家对凯恩斯的思想都有些抵触。熊彼特是其中比较突出的一位，在他写的关于《通论》的书评中，他先是祝贺了凯恩斯的书在吸引眼球方面的成功，在书评的结尾处，他以其一贯的讥讽语言说道："对这本书，话说得越少越好。那些相信该书主旨的人应该以如下的文句改写法国历史：路易十五是一位最贤明的皇帝。他感到有必要提高国家支出，于是便找到了那些花钱专家们为他服务，如蓬帕杜夫人。她们以不可超越的效率进行工作。充分就业，由此而引起的最大产量以及一般的福利应该是其后果。然而，我们看到的却是痛苦、耻辱以及最后所导致的血流成河。这也许是一个偶然的巧合而已。"就连芝加哥经济学教父弗兰克·奈特教授也出来批评说，首先他不承认凯恩斯所指的古典经济学说，认为凯恩斯人为制造了一个形象，其目的在于树立一个稻草人，作为争论和攻击的对象。他认为凯恩斯为了解决理论上的困难，发明了一些万能的神灵，如国家的作用、心理的状态等。

　　但是，这些批评并没有阻挡住凯恩斯思想在全世界的流行。第二次世界大战以后，西方资本主义度过了黄金的30年，在这30年里，凯恩斯理论成为世界各个国家争相采用的指导思想。也许，凯恩斯并不同意很多后人的解读，甚至从某种意义上来说，凯恩斯或许不认为自己是一个凯恩斯主义者，但是，在我们的思想"贫血"的现代社会，总是会时不时地请出凯恩斯，重新回到他的理论和他的书——《通论》。

09 截断众流：关于经济周期、节俭和重商主义的评论

9.1 徘徊在资本主义世界的幽灵——经济危机

> 在把资本主义生产方式本身炸毁以前不能使矛盾得到解决，
> 所以它就成为周期性的了。
> 资本主义生产产生了新的"恶性循环"。
>
> ——弗里德里希·恩格斯

自从 1825 年英国爆发了有史以来第一次经济危机，经济学家们一直尝试去探究危机爆发的根源，他们从中发现了一种独特的现象，即当经济发展十分繁荣、达到巅峰后，会突然出现衰退的状况，经济状况一下子降到谷底，呈现一片萧条局面，然后开始慢慢复苏，再次实现繁荣景象，繁荣与萧条的现象周期性地交替出现。对于这种周期性的现象到底持续多久，萧条到繁荣要经历多少年，一直是经济学家们研究的课题。

　　马克思是最早关注到这种周期性现象并提出自己解释的经济学家之一。他认为当经济环境处于繁荣局面时，那些资本家渴望去追求更大的利润，大规模地增加资本和劳动力的投入，提升工人的工资，但是这种额外的支出反而降低了资本家的利润，抑制了他的扩张趋势，使得整个经济形势朝着相反的方向发展，结果导致了经济出现萧条状况。在萧条时期，由于工厂停产，工人失业，工资萎缩，让资本家的利润得以恢复，从而投资规模再一次增加，经济开始复苏，走向繁荣。马克思坚信资本主义的局限性在于目前的生产停滞都为下一次生产规模的扩大做好了准备，每一次经济繁荣与萧条的周期都比前一次规模更大，持续时间更久，因此不同阶级之间的斗争就会不断加剧，社会变革更加激烈。

122
　　然而其他的经济学家并不认同马克思的观点。他们认为经济发展出现周期性的原因在于货币，繁荣与萧条完全是银行利率政策交替扩张和紧缩作用造成的，尤其是短期利率起着重要的作用。经济高涨是由银行的信用扩张引起的，银行放宽了对客户的贷款条件，延长贷款的期限，降低了贷款的利率，促使资本家更热衷于向银行借款，大幅增加投资额，因此经济一度出现快速增长的态势。然而，银行的信用扩张并不是无限的。一旦银行方面无力或者不愿意继续扩张信用，它就会通过提高利率等方法停止信用扩张，实行紧缩政策。这样经济危机就爆发了。但是随着贷款的陆续清偿，资金逐渐向银行回笼，银行又开始忙于新一轮的信用扩张，由此经济萧条就走到了尽头，新的繁荣又重新出现。持这种观点的经济学家尽管较为深入地考察了经济周期循环的过程，但他们把经济出现周期性仅仅当成一种货币现象，很难令人满意。

　　还有一些经济学家用消费不足来解释经济的周期性。其最早的代表人物是马尔萨斯。他发现随着人口的持续增长、新生产工具的发明和其他生产管理手段的改进，全社会的物质生产就有一种长期性的不断增长趋势，这就要求社会成员必须有与之相适应的消费能力。但是由于人们本身的购买力不足，社会大众的消费能力相对下降，出现消费不足的状况，从而导致经济陷入萧条局面。在持消费不足论的经济学家中最具代表性的观点是储蓄过度论。一些经济学家确信之所以会发生经济危机，并不是人们不具有充分的购买力，而是他们收入结构中用于储蓄的比重过大，打乱了生产与消费之间的均衡。这些经济学家更进一步提出人们过度储蓄行为的根源在于社会收入分配严重的不均等。因此，要解决经济周期性的问题必须通过政府重新制定政策来实现财富和收入的再分配。

在凯恩斯的《通论》出版以前，经济学家们提出各种关于经济周期性的解释，其著作可谓汗牛充栋。鉴于过去的理论数量如此之多，当时的国际联盟特意指定著名学者哈伯勒通过撰写《繁荣与萧条》一书来对以往的各种经济周期理论做一次系统性的总结。虽然凯恩斯在他的《通论》中并没有提供一个全面性的关于经济周期的理论，但他的学说为以后的经济周期研究奠定了基础。所以如果把凯恩斯的理论作为经济周期性理论的分界线，那么哈伯勒在《繁荣与萧条》一书中做过总结的那些学说和流派就是传统的经济周期理论，之后就是现代的经济周期理论。

9.2　经济危机是心理因素在作祟

> 我们唯一值得恐惧的是恐惧本身。
> 一种莫名其妙、丧失理智的、毫无根据的恐惧，
> 它把人转退为进所需的种种努力化为泡影。
> ——富兰克林·罗斯福《炉边谈话》

凯恩斯在《通论》一书中提出他对经济周期性问题的看法。

他相信经济发展过程中必然存在一种开始向上快速增长，继而向下衰退，之后重新缓慢恢复向上增长态势的周期性循环运动。这种经济循环运动具有明显的规律性，分为繁荣、恐慌、萧条、复苏四个阶

段。其中，繁荣和萧条是两个最值得重视的阶段。在经济发展处于繁荣的阶段，由于资本家过于乐观地看待未来的收益状况，因此投资额不断地增加。但是这时实际上已经出现了两种不安的信号，一方面随着劳动力和生产资源逐渐地趋向稀缺，它们的价格快速地上涨，使得资本家的生产成本持续增大；另一方面伴随生产成本的增大，投资的边际收益率开始下降，资本家的利润也逐步降低。同时，一些投机分子乘机盲目地对投资收益做出过度的估计，大量购买各种金融投资商品，因此全社会的投资收益处于崩溃的边缘。

一旦泡沫破灭后，资本家对未来的经济形势彻底失去信心，投资的力度瞬间大幅度地下降，于是经济危机就降临到人们身边。危机过后一片萧条的气象。资本家底气不足，金融业也无力掌控市场，投资萎靡不振，就业大幅萎缩，商品存货大量积压，整个社会处于不景气的状态中。然而，随着投资边际收益率的逐渐恢复，工厂存货开始被吸收，银行的利率下调，资本家的投资又再次活跃起来，经济发展重新进入了一个复苏的阶段。当投资的边际收益率完全得到恢复时，全社会的投资量又会高速增长，经济形势开始真正步入到繁荣阶段。所以凯恩斯发现形成经济周期性波动的原因主要是投资的边际收益率循环地变动，这种变动一般长达3至5年。在这其中三个因素起了主导性作用：一是全社会固定资产的寿命和人口增长的速度；二是工厂过剩存货的保藏费用；三是资本家生产资本使用完毕所需要的时间。

在凯恩斯看来，经济发生危机的一个重要原因是有效需求不足，从而导致生产过剩，经济危机爆发。为什么有效需求会不足？因为其中有三个心理规律深刻地影响着人们的消费与投资行为：

一是边际消费倾向递减规律。一般而言，人们收入的增长可以刺激消费的增长。在人们收入增长的初期和中期，收入的增长与消费的增长成正比例关系，民众的消费热情比较高；但是当人们的收入增长到一定阶段后，会出现收入增长的幅度超过消费增长的幅度，收入与消费之间并不成正比例关系，民众消费热情反而趋于减少。

二是投资的边际收益率递减规律。与边际消费倾向递减规律相类似，在投资量增长的初期与中期，投资收益与投资比例成正比例关系，投资收益较高，资本家的投资热情极为高涨；但到了投资量增长的中后期，投资收益不与投资比例成正比例关系，投资收益率逐渐下降，资本家的投资热情大为降低。

三是流动性偏好规律。所谓流动性偏好即指人们发自内心地对持有现金存在偏好。这种偏好源于这些动机：一个是为了方便日常的生活开支；另一个是为了预防意外的发生，存留一部分现金；还有就是为了寻求更大的收益，保留现金以备随时调用。

凯恩斯认为上述三大心理规律使得社会的有效需求往往低于社会的正常水平，因此如何刺激社会的有效需求成为避免经济危机产生的重中之重。凯恩斯期待政府能采取一定的措施来刺激有效需求，这样就能维持宏观经济供给与需求之间的平衡，从而减弱经济周期性波动所带来的冲击和动荡。

凯恩斯的经济周期理论以投资分析为中心，通过分析投资变动来探讨经济周期性波动形成的原因和影响。他的理论为现代经济学在该领域的研究开辟了新的方向。

9.3　自由放任的历史渊源

没有什么能像自由的艺术那样善于创造奇迹；

但同样也没有什么比自由的训练期更为艰辛的了……

一般来说，自由都是在暴风雨中伴随困难而确立、经过争论而完善的；

而且益处只有在它年老之后，

才会被人意识到。

——亚力西斯·德·托克维尔《论美国的民主》

自从亚当·斯密的《国富论》出版以来，自由放任的思想便成为经济学思想体系中一块重要的基石。这一思想经过斯密、马尔萨斯、李嘉图、穆勒等人完善与发展，主导了将近200年的经济学界。直到20世纪才由凯恩斯发起了对其主导地位的真正挑战，质疑它的合理性。

亚当·斯密最早阐明了自由放任的思想。他在《国富论》中指出，人们积极地参与到经济生活中完全是为了追求他们自己的个人利益。"我们每天所需的食物和饮料，不是出自屠户、酿酒师或面包师的恩惠，而是出于他们自利的打算。"经济生活中有一只看不见的手引导着人们的自利行为，从而促进了全社会福利的增长。

"每个人必然竭尽全力使社会的年收入尽量增大。确实，他通常既不打算促进公共的利益，也不知道他自己是在什么程度上促进那种利益……他所盘算的也只是他自己的利益……他受着一只看不见的手的指引，去尽力达到一个并非他本意想要达到的目的。也并不因为事情不是出于本意，就对社会有害，他追求自己的利益，往往使他能比在真正出于本意的情况下更有效地促进社会的利益。"这只看不见的手的引导意味着政府的干预是不必要的。在斯密看来，政府浪费、腐败、无能，它的干预是对经济生活的最大威胁。"每一个人处在他当时的地位，显然能判断得比政治家或立法者好得多。如果政治家企图指导私人应该如何运用他们的资本，那不仅是自寻烦恼地去注意最不需要注意的问题，而且是僭取一种不能放心地委托给任何个人，也不能放心地委之于任何委员会或参议院的权力，把这种权力交给一个大言不惭的、荒唐的自认为有资格行使它的人，是再危险不过了。"斯密同时把这种自由放任的思想扩展到了国际贸易中，主张政府对于国际贸易也不应指手画脚。在亚当·斯密心中，政府只能发挥相当有限的作用，如保护国家免受外来的侵略、建立独立的司法机构等。

大卫·李嘉图更为彻底地忠于自由放任的思想。他坚持即使是工资也应该"像一切其他契约一样，应该留给市场进行公平而自由的竞争，绝不应该受到法律干预的控制"。他大力称赞国家间进行自由贸易的好处："在完全自由的贸易体系下，每个国家自然会将其资本与劳动力投资于得益最大的部门。这一对个体得益的追求可以很好地与整体的普遍利益联系起来，通过激励勤奋、奖励创造以及最有效地使用与生俱来的独特力量，可以最有效、最经济地对劳动力进行分配……通过具有共同的利益纽带与交流，整个文明世界的所有国家都可以联系在一起。"因此大卫·李嘉图当之无愧地成为自由放任思想的奠基者之一。

约翰·斯图亚特·穆勒则是自由放任思想的复归者，他对政府不仅缺乏热心，还充满了怀疑的态度。他极力捍卫个人的自由，并且在1859年出版了《论自由》一书宣扬他的学说。穆勒相信政府的职能是保护个人免遭他人的损害。穆勒希望政府能保证个人具有自由思考、讨论和结社等权利，他认为："一国的价值从长期看就是构成该国的个人的价值……一个阻碍个人发展的国家，即使是出于善意的目的，而把个人变为掌握在手心里的更加驯良的工具，也会发现，借助这些没有力量的个人，一国难以真正成就伟业。"因此穆勒认为政府在经济方面发挥的作用应是遥远和间接的。

当凯恩斯对自由放任的思想提出批评时，他习惯于把他之前的所有经济学统称为古典经济学，这种曾经意味着优秀的名称对于凯恩斯而言显得那样落伍和过时。然而这种过时的东西在几个世纪前却具有革命性的影响。它不仅表明了自由放任这一天赋自由的必要性，而且是给国家带来财富的最好手段。

9.4   自由放任的终结?

禅宗论云间有三种语：

其一为随波逐浪句，谓随物应机，不主故常；

其二为截断众流句，谓超出言外，非情识所到；

其三为函盖乾坤句，谓泯然皆契，无间可伺。

其深浅以是为序。

——叶梦得《石林诗话》

早在亚当·斯密之前，重商主义学派就对自由放任的思想提出了异议。他们的信条是金银是最佳的财富形式。一国的财富等同于该国所拥有的金银的数量。他们极力赞成政府限制对外贸易，希望政府对本国不能生产的进口原材料免征关税，对本国能够生产的制成品和原材料进行保护，并且严格限制原材料的出口。这样国家所拥有的金银数量就得到了积累，国家的财富得以增强。对于重商主义学派而言，一个强大的政府存在是保证金银积累的坚强后盾。政府可以通过授予从事对外贸易的公司垄断特许权来控制国内外的进出口贸易，达到限制自由竞争产生的目的。像农业、采矿业等行业可以在政府的补贴下得到快速发展，并且通过政府对外来产品征收高额的关税而免受冲击。另外，政府还可以借助强大的行政力量来控制产品的生产质量，从而使本国产品不因为在国际市场上不佳的声誉而被迫减少出口。总而言之，重商主义学派坚信只要强大的政府实行全国统一的管制措施就一定能实现国家财富增强的目标。

尽管重商主义学派所倡导的政府干预经济学说遭到了亚当·斯密、大卫·李嘉图等人的猛烈抨击，然而进入20世纪后，重商主义学派的思想似乎复苏了。经济学家凯恩斯开始重新审视重商主义学派，他非常认同重商主义学派所宣扬的贸易顺差产生需求将会促进经济增长的观点。他在《通论》中肯定了重商主义学派对经济的理解，认为随着货币的流入将会增加商业投资，政府确实可以利用产生贸易顺差的办法为国民创造就业机会和收入。

凯恩斯对于近两百年来统治经济学界的自由放任思想表达了强烈的不认同。1926年他发表的篇名为《自由放任主义的终结》的文章，就指出当时社会存在的许多不幸大都是政府放任过度、信息不确定和民众无知的结果。某些大公司更像是一种彩票，其中一些资本家十分善于利用民众的无知和信息的不确定性来获利，结果造成全社会财富巨大的不平等，失业现象严重，社会大众悲观地面对未来的经济状况。

"然而治疗方案却存在于个人的操作之外；使这种弊端恶化甚至可能是符合个人利益的。我认为，治疗这些弊病部分地应该通过一个中央机构对通货和信贷的深思熟虑的调控加以寻求，部分地应该通过大规模地收集和传播与经济形势相关的数据加以寻求……这些措施将会通过某个合适的行动机构使社会对私人企业的许多复杂问题运用其指令性方面的聪明才智，但是它将保持私人的主动性不受妨碍……资本主义的信徒通常是过度保守的，并且拒绝对其技术方面的改革，而这些改革实际上可能会加强与保护资本主义，只是因为害怕这些改革可能会证明是偏离资本主义本身的最初的步骤……就我的角色来说，我认为资本主义如果加以明智地管理，在实际经济目标方面可以比看得见的其他任何制度都更加富有效率，但是就其本身而言，它在许多方面是极度令人反感的。我们的问题是设计一个社会组织，它应该是尽可能地富有效率而又不会触犯我们对满意的生活方式的概念。"

凯恩斯建议政府应该积极地对经济实行干预，通过实施恰当的财政与货币政策来促进全社会达到充分就业的状态，使物价指数趋于稳定，经济能够快速、健康地增长。政府不应该以完全放任的态度来处理经济问题。当面临经济衰退或者萧条冲击时，政府应努力减少税收，增加大众的消费支出，来刺激有效需求。中央银行也应适时地增加货币供给，降低利率，以期能够推动社会投资支出的增加，度过经济危机。当社会面临严重的通货膨胀时，政府必须要减少自己的支出，通过增加税收来减少私人的消费支出，中央银行相应地也应减少货币供给，提高利率，抑制全社会过度的投资支出。

9.5　节俭是美德？

俭则足用，俭则寡求，
俭则可以成家，俭则可以立身。
——陈梦雷等《古今图书集成·家范典》

经济学家们一直长期对节俭问题展开争论，每个人都从各自不同的角度研究节俭在经济发展过程中所起的作用，为此形成了各式各样关于节俭的学说。

最早对节俭问题进行探讨的是法国重农学派的代表人物杜尔阁。他认为"资本不外是土地所生产的一部分价值的积累，这一部分价值是收入的所有者或分享者可以每年储存起来，而不用来满足自己的需要的"。

杜尔阁相信靠这种勤俭节约出来的资本会迅速地用于投资，来获取更大的收益。杜尔阁也是政府节俭的一位积极倡导者，他曾经在信中写道："政府的最终基础是：服从和金钱。政府的目标正像一个谚语所说的，就是给母鸡拔毛而不使它叫喊；现在是所有者（地主）经常叫喊，政府一直倾向于不直接伤害他们，除非这件事情成为法律，否则他们是感受不到伤害的。"

亚当·斯密继承和发展了杜尔阁的学说，他认为资本是增加国民财富的重要途径之一，而资本是先前的储蓄行为积累起来的结果，即节制花钱的结果。因此他指出"资本的增加，由于节俭；资本的减少，由于奢侈与妄为。一个人节省了多少收入，就增加了多少资本"，"是节俭，不是勤奋，是资本增加的直接原因。诚然，勤奋提供了节俭所积累的对象，但是无论勤奋的结果是什么，如果只有勤劳而无节俭，有所得而无所贮，资本绝不可能扩大"。从斯密的观点来看，由于每个人都存在改善自身生活状况的愿望，能够采取最简单、最直接的手段就是大幅增加个人所拥有的财产，而增加个人财产最可行的方法就是在当年的收入中节省一部分存起来用于投资。所以，节俭绝不仅仅是一种个人义务或者责任，而是人们改善自身的一种欲望。与杜尔阁一样，斯密相信人们会将节俭出来的资本立即用作投资，他也乐观地认为节俭意味着消费，不是指节俭者本人而是其他人，包括"劳动者、制造商、技师，他们会再生产出他们年消费的价值，外加一份利润"。

　　斯密之后的英国经济学家西尼尔提出了著名的"节欲论"。他认为市场上产品的交换价值取决于需求和供给，而供给则受到生产成本的约束。西尼尔相信生产成本具有某种人为意义上的主观性，是人们从自然界中把各种原材料做成产品所付出的牺牲，即生产成本是工人劳动和资本家节欲的结果。"节欲"是西尼尔自创的一个新词。他在著作中写道："我们将它命名为节欲：我们用这个单词来表示一个人的行为，他或者放弃对他可以支配的东西的非生产性使用，或者故意选择不会立即产生结果的生产……通过节欲这个单词，我们希望表达一种不同于劳动和自然界力量的一种力量，它的作用对于资本的存在是非常必要的，它和利润的关系与劳动和工资的关系是一样的。"

　　西尼尔使用"节欲"一词来表达对于资本家推迟财富消费的某种期望。西尼尔的"节欲论"一经提出就遭到了马克思主义者的嘲弄，讽刺它是罗曼蒂克式的幻想。西尼尔认为马克思主义者的言论显然误解了他的观点，他坚持节欲是资本出现的重要先决条件。后来喜欢标新立异的马歇尔继承了西尼尔的"节欲论"，并用"等待"一词代替了节欲。他确信自己了解西尼尔所阐发的节欲观点，解释"等待"就是推迟消费，并自信与"节欲"一词相比"等待"带有较少的感情色彩，也不会引起众人的争议。所以"节欲"包含了两个方面的含义，正如西尼尔所描述的那样："它既是避免非生产性使用资本的行为，也是人献出劳动产生长远效果而不是即期效果的类似行为。"一方面指资本家节制自我过早消费掉曾经努力积累起来的资本的欲望；另一方面则指资本家需努力保持当前所拥有的资本数量，以等待未来的消费。只有通过节欲积累起资本，才能进一步等待消费形成财富。

　　由此可见，节俭对于经济学家们从资本形成的角度来说，确实可以极大地加快资本积累的速度，因此节俭不仅是完全必要的，而且是一种美德。婆罗门的谚语说：俭朴是我们美德的可靠卫士。从这个意义上，或许没有说错。

9.6 蜜蜂的寓言：关于节俭的另一种解读

人类的最高道德，映照在人们的私人恶德之中。

——伯纳德·曼德维尔《蜜蜂的寓言》

18世纪荷兰的曼德维尔公开对节俭行为提出反对意见。他在《蜜蜂的寓言》一书中讲述了一个有趣的故事：一群蜜蜂为了追求豪华的生活，大肆挥霍，结果这个蜂群居然很快地兴旺发达起来。然而后来这群蜜蜂改变了原有的习惯，放弃奢侈的生活，崇尚节俭，结果导致整个蜂群的衰败。曼德维尔借用这个寓言故事讽刺当时政府如果采用统一的标准来管理每个人的消费支出，结果不但会抑制人们的消费欲望，而且导致社会产品出现大量过剩，财富反而减少。

他坚信成功的财富积累是建立在人们各种虚荣心、贪心等被视为恶行的基础上："我自以为我已经说明了既不是人们天生就有的友好的品质和善良的爱，也不是人们凭借理智和克己就能获得的真正的美德是社会的基础；而我们称之为这个世界上邪恶的东西（它既是道德上的，也是天生的）……它是社会的坚实基础……一旦邪恶消失了，社会也必定会遭到破坏，即使不是全部瓦解。"

之后经济学家马尔萨斯对节俭行为同样抱有怀疑的态度，他非常蔑视那些将货币藏在窖洞中的胆怯的守财奴。他这样写道："节俭的人为了挣更多的钱从其收入中节约出钱来充实其资本；他既不自己运用这一资本以维持生产性劳动，也不把它贷给其他什么愿如此运用资本的人。投资人因追加了总资本而使国家受益，财富被用作资本也使国家受益，不仅比当作收入花掉能够调动更多的劳动，而且劳动还会成为更有价值的类型。但是贪财的人将其财富锁在箱子里，不会调动任何类型的劳动。"

马尔萨斯设想如果一个国家像守财奴一样一直保持节俭的习惯，这样社会成员的消费需求就会急剧地减少，从而导致全社会产品大量积压，引发恶性循环，陷入严重的经济危机中。因此节俭在马尔萨斯看来是一种阻碍经济健康增长的恶行。他相信"没有一个国家可能通过长期缩减消费来积累资本而成为富国。因为，这种储蓄积累超过了供给产品有效需求的程度。其中一部分储蓄积累很快就会丧失它的作用和价值，不再具有财富的特性"。凯恩斯深受马尔萨斯学说的启发，赞成节俭并非人类的美德。

在《通论》中凯恩斯进一步将储蓄与投资联系起来，构建了总需求决定国民收入的理论来阐述节俭对于经济增长并没有什么好处。一个国家的国民越是奉行节俭，降低消费需求，大力增加储蓄力度，往往导致全社会的收入锐减。因为在个人既定的收入中，消费与储蓄之间是此消彼长的关系，即消费增加，个人储蓄就会减少，个人节俭增加储蓄，必然使消费减少，如此市场上的消费品价格就会下跌，从而减弱全社会的投资欲望，影响投资者的预期收益。所以，社会成员的节俭储蓄与国民收入呈现反比例关系。根据这种理论，人们增加消费减少储蓄，不仅会刺激社会总需求，引起国民收入的增加，还促使经济繁荣；反之，经济就面临萧条的局面。由此可以得出一个节俭的悖论：对于个人而言，节俭会增加个人财富；对全社会而言，节俭会减少国民收入，引发经济萧条。

对于个人而言，节俭是美德；对于整个社会来说，节俭也许就不再是美德，而是一种"恶行"了，因为它往往是加重和延长经济危机的重要因素。

10 │ 危机，契机？
──新社会哲学

10.1　罗斯福新政与《通论》思想

> 全国各地的人们，把政府的政治哲学纷纷扰扰抛诸脑后，
> 在此期待我们的引导以及更公平的机会来共享国家财富分配……
> 我向你们保证，我向自己保证，
> 为美国人民寻求一个新的政策……
> 这不仅仅是一次政治造势，这是一场战斗的集结号。
> ──富兰克林·罗斯福1932年总统提名演说

1933年世界处于经济大萧条的阴影之中，美国新任总统罗斯福把这种大萧条比作一场战争，提出要用紧急的战争权力来抗击大萧条。他的就职演说给全世界吹起了希望的号角。然而当时在伦敦的凯恩斯对此感到一丝怀疑，他自认为"就是我也很难想象，如果我是总统，我该怎么办。但是我想真要在那种情况下，我应该知道如何处

置"。对此，罗斯福总统抛出了他的"百日计划"，一个包含了美国不同类型政治传统的大杂烩计划。罗斯福的救治方案产生了立竿见影的效果，人们的信心陡然大增，华尔街也开始兴旺起来。美国政府一改过去救济者的角色，突然转变成为一个经济上的大投资者，经营着公路、机场、港口、住房等多种业务。

1934 年，凯恩斯对罗斯福的尝试怀着真诚而困惑的崇拜心情，来到了华盛顿。5 月 28 日，凯恩斯与罗斯福总统会晤了一个小时。这两个当时决定着未来世界命运的人终于面对面地坐了下来。罗斯福事后对别人说，他与凯恩斯有了一次"极好的谈话，对他非常欣赏"。在与罗斯福总统会面后，凯恩斯到处演讲，竭力主张美国政府进一步扩大投资方案。凯恩斯从当时的统计资料证明，私人投资已经失去了活力，但终究得有人出些力，来发动这台投资引擎，把深陷泥潭中的经济列车拉出来。凯恩斯非常渴望通过美国政府的大量公共支出来起到这样的刺激作用，从而为全世界打气。

所以，当《通论》1936 年出版时，凯恩斯所提供的与其说是一项新的激进计划，不如说是他为一种已经采用的救治方案进行合理的辩护和解释。凯恩斯在《通论》中清楚地指出要拯救整个自由世界所面临的困难只不过是缺乏足够投资罢了。因此，补救的最好办法就是由政府出资来满足全社会的投资需求。尽管凯恩斯拥护政府采取一些投资计划来拯救糟糕的经济状况，然而他同时称赞私营企业的活力。凯恩斯认为政府只需关心如何为全社会提供充足的投资，至于经济中其他的大量活动，仍然应当尽可能由私人企业通过自由竞争的市场来进行。总而言之，凯恩斯出版《通论》的目的只是说明在面临经济危机时什么样的救治方案才会真正奏效。他坚信如果政府面对毫无生气的经济状况无限期地任其放任自流，那么无所作为所付出的代价，也许比那些大胆、非常规行动的后果要严重得多。

凯恩斯的《通论》改变了社会大众对于政府的观点，逐渐将其视为促进个人与社会福利的工具，这也导致了第二次世界大战后福利国家的兴起。凯恩斯自信政府应当并且有能力确保经济稳定地成长，而在凯恩斯之前经济学家们一般信奉政府不应干预经济，自由市场才能促使个人与社会收益最大化。但凯恩斯认为政府必须注意全社会的需求，只要实施正确的财政与货币政策，经济即可以达到充分就业的状态。假如缺乏政府的干预，那么市场经济和自由民主会容易受到冲击。值得一提的是，凯恩斯所倡导的政府干预学说的最终目的并非要通往社会主义，而是希望通过投资的手段使经济比放任运作更有效率。凯恩斯的政府干预学说无法完全去除贫困问题，但是能使人们的生活得以改善，享受免于匮乏的自由。因此凯恩斯的政府干预学说不仅是保障个人与家庭安全的工具，而且使身处不同阶层的社会群体更紧密地结合在一起。

10.2　纳粹德国：另一种国家干预主义

> 希特勒面对经济危机时，他最棒的地方就是口才；
> 正是这样富有煽动性的口才，树立了德国民众的信心。
> 事实是，德国是西方世界最先走出萧条的国家。
> ——改编自马可中国《希特勒应对经济危机如大力水手》

　　1932年，伴随着全世界经济的大萧条，德国陷入经济的最低谷。当年德国的工业产量还不到1929年产量的40%，并且整个国家有近600万的失业人口。日益严重的失业问题加剧了社会动荡。全德国的选民变得异常激进，极度憎恨当时的共和政府，认为它腐败无能。随后希特勒所领导的纳粹党轻松获得选举胜利，成为议会中第一大党。希特勒在此之后迅速建立了一党专政。1935年5月，希特勒宣布开始执行消除失业的四年计划。这个计划内容包括：

　　第一，开展建设大量公共工程的莱因哈特计划。由于当时德国深陷经济危机，政府缺乏大量的建设资金，所以该计划一度面临夭折的境地。然而希特勒依然坚持通过政府财政来融集资金。他的办法就是疯狂地印刷钞票，但这样会导致严重的通货膨胀。为此希特勒利用手中的权力专门设立物价委员会，控制全社会的物价。同时，他解散了一切工会组织，并立法禁止罢工和停工，不再让劳动部设定最低工资。

第二，掀起了一场大规模反对妇女就业的运动，广泛宣传妇女工作的地点应该在家里，让妇女远离车间不仅解决男人的失业问题，而且能提高国家的人口出生率。

第三，通过国家及地方各级官僚机构、纳粹党党组织大量吸收失业的工人。

第四，大幅提高国防开支，大规模扩军，要大炮而不要黄油。

希特勒的四年计划取得了相当大的成功。到1938年，德国的工业产值比1929年增加了1/4，并且为将近600万的失业人口解决了就业问题，一时间德国境内几乎不存在失业问题。希特勒由此大获民心。但在英国，凯恩斯对此保持沉默。

凯恩斯保持沉默的原因在于，希特勒的经济复苏计划夹杂着太多的帝国主义征服因素和为实现经济状况改善所采取的种种恐怖手段，因此对他而言显然缺乏吸引力。凯恩斯对于自由社会的敌人是绝不妥协的。"德国现在由一帮不受约束的、不负责任的人控制着，"他这样写道，"独裁主义国家用牺牲效率和自由的方法解决了失业问题。无疑，世界将再也不会容忍'失业'这个与当今资本主义世界的个人主义密切相关的问题，但通过对现存问题的正确分析，仍然可能找到既可以解决失业问题，同时又可以保持效率和自由的良方。"

当面对在德国爆发的由政府支持的迫害犹太人运动时，凯恩斯更加感到义愤填膺。他为此给一位德国教授写信道："请原谅我用野蛮主义这样的字眼，但是在我们这里所有的人看来，这确实反映了近来在德国发生的一系列事件所产生的影响……按照我们的看法，在任何一个还自称是文明的国度里，已经有很多代没有发生如此不光彩的事件……如果你告诉我这些事件的产生不是通过武力，而是一种公众意愿的表现……那么在我们看来，这将比人们所听到的迫害和暴行……还要可怕十倍。"凯恩斯因此积极参与救助犹太难民的活动，帮助逃避纳粹迫害而出逃的德国学者建立起了"学术界援助委员会"，并为该委员会捐助钱款。

当希特勒发动第二次世界大战后，凯恩斯再一次义无反顾地为英国财政部效力。他也再次回到他所熟悉的围绕战备制定政策的问题上来。凯恩斯不仅大力协助英国政府谈判，从美国那里贷款以援助英国参与第二次世界大战，还提出建议帮助英国政府筹集战争经费，不是通过提高税收，而是借助公民义务储蓄加上延迟支付的计划。凯恩斯的想法是所有收入超过最低限的英国公民应定期从工资中抽取一部分转换为特殊的银行存款，用来资助战争。这些存款在战争期间将会产生利息，除非遇到紧急情况，存款不得收回。于是这笔资金贷给政府用来资助战备，战争结束后，这笔存款可以自由提取来刺激消费需求，阻止战后可能爆发的新一轮经济衰退。面对邪恶势力的疯狂进攻，凯恩斯为保卫自由世界做出了自己应有的贡献。

10.3　缔造全球新秩序

> 默念平生，固未尝侮食自矜，
> 曲学阿世，似可告慰友朋。
> 至若追踪前贤，幽居疏属之南、汾水之曲，
> 守先哲之遗范，托末契于后生者，
> 则有如方丈蓬莱，渺不可即，
> 徒寄之梦寐，存乎遐想而已。
>
> ——陈寅恪《赠蒋秉南序》

早在1943年，凯恩斯就非常关心第二次世界大战结束后会发生的各种问题，并且为此写了一本题为《长期的充分就业问题》的备忘录。他建议政府安排这样一个投资计划：在这个计划内，总投资的

2/3或者3/4由官方的或半官方的机构来执行，或者能由它们来施加影响。

凯恩斯在回应别人对该计划的评论时写道："确实，在短期内，公共工程起伏不定的投资量不是一个好的治理办法，可能还不一定能充分见效。另一方面，如果由官方或半官方来控制投资数量，并且以一个长期稳定的计划为原则，那么，上述大起大伏的波动很可能就不再发生。"直到凯恩斯去世，他一直坚持相信公共工程开支是充分就业政策的一个重要组成部分。

第二次世界大战一结束，凯恩斯就积极投身于由盟国政府发起的国际货币管理工作。他反省20世纪30年代全球爆发的经济大萧条一个主要原因是，每个国家都试图将失业问题出口到它的贸易伙伴国。各国都通过实行贸易顺差的办法产出更多商品，从而创造出更多的国内就业机会，并且同时它的贸易伙伴国将进口产品而不是在本国境内生产该产品。因此，贸易伙伴国对工人的需求就会减少，失业问题更加严重。

大多数国家企图通过货币贬值的方式来产生贸易顺差。一国政府非常清楚，如果促使外国货币和外国商品升值，那么本国公民就很少去购买外国商品，而购买更多的本国商品。同样，若促使本国货币和商品在其他国家价格更加低廉，将会极大增加出口数量。然而问题是只要一个国家竭力贬值本国货币来为本国国民创造出口与就业的机会，那么其他国家也势必纷纷仿效，结果引发一连串竞相的货币贬值，对任何国家都无益。

为了防止这种局面的出现，凯恩斯建议设定相对固定的汇率体系。这就是后来为世人所熟知的布雷顿森林体系。该体系要求各国政府将本国货币钉住一盎司黄金保持不变。由于各国货币都与黄金绑在一起，那么自然它们的价值就与其他货币绑在了一起。布雷顿森林体系成功地运行长达25年，在此期间，全世界的经济以空前的速度增长，许多发达国家的失业率创20世纪最低水平。

不仅如此，凯恩斯还倡议建立一个国际机制来消除各国贸易之间失衡的状态。他渴望能有这样一个机制，贷款给出现贸易逆差的国家，惩罚持续实行贸易顺差的国家。该机制将鼓励各国踊跃购买外国商品，从而避免其中任何一个国家经济出现衰退的倾向。最终，国际货币基金组织和世界银行应运而生。1946年2月19日，凯恩斯被任命为国际货币基金组织和世界银行的英方董事，并积极筹备这两个组织的开幕活动。凯恩斯对于他的上述建议最终得以实现时庆贺道："我们已经完成了一次有限度的任务，如果我们能继续完成更大的任务，那就是世界的希望所在。"

毋庸置疑，20世纪没有哪位经济学家的影响力能超过凯恩斯。他在经济理论方面打破近百年来的束缚，发展了宏观经济学分析，开启了经济学的新纪元。至今在全世界大学里只要一有人讲授宏观经济学，他所依赖的仍然是凯恩斯创立的观点与分析模型。在现实社会中，许多国家中央政府和中央银行为控制经济活动所采用的工具主要还是源自凯恩斯。而依照凯恩斯的设想所建立的国际货币基金组织和世界银行依旧在国际经济活动中发挥着举足轻重的作用。

凯恩斯这位伟大的经济学家，也许不是像那些自称是凯恩斯思想传人的宏观经济学家所宣称的那样——"我已经成功地使我的学生们忘记了凯恩斯！"——诺贝尔经济学奖得主小罗伯特·卢卡斯如是说。他仍将为我们所永远缅怀，并且反复思索他那晦涩而又优美的文笔背后的深邃思想。

11 | 凯恩斯与
哈耶克之争

11.1 凯恩斯向左，哈耶克向右？

> 在20世纪30年代，
>
> 在哈耶克与凯恩斯之间曾发生过一场影响深远的理论论战，
>
> 不但推进了对现代市场经济运行的认识，
>
> 也实际上催生了经济学理论中的"凯恩斯革命"。
>
> ——韦森

　　长久以来，无论是国际学术界还是国内经济学者们的一般认识，凯恩斯与哈耶克的理论对手形象可谓根深蒂固。以坚持个人主义方法论、主观价值论著称的奥地利学派极为推崇自由市场制度，对于主张政府干预经济的凯恩斯以及凯恩斯主义往往持有很深的成见，而作为奥地利学派学人极为推崇的哈耶克的经济思想，则常被自由市场派援引过来作为反对政府对市场进行干预的依据。近年来颇为奥地利学派经济学张目的著名经济学家张维迎（2015）更是以耸人听闻的"埋葬凯恩斯主义"这样的字眼，要求政府和经济学家回到奥地利学派对经济的洞识当中。①丹尼尔·耶金和约瑟夫·斯坦尼罗（2002）的《制高点：世界经济之战》一书被制成3集纪录片，渲染了哈耶克经济社会思想与凯恩斯经济理论之间的激烈思想争夺战。②该书认为，20世纪初到30年代，是自由市场理念支配世界，控制"制高点"，而从40年代到70年代，是凯恩斯的政府干预政策夺取了经济思想的制高点，之后以哈耶克为代表的经济自由主义重新夺回了世界经济思想的统治地位。的确，在西方经济思想史中，在20世纪30年代的英国，哈耶克与凯恩斯曾就货币、商业周期和资本理论进行过一场举世瞩目的争论。③在这场充满硝烟的交锋中，双方用语的辛辣、批评的深入都不免使人产生这样一种印象：在经济理论上，哈耶克与凯恩斯是一对冤家，他们秉持的经济理论和政策取向水火不容，其背后的经济思想背景是来自欧陆的奥地利经济学派与来自剑桥的英国经济学派之间的深刻分歧。对于这场争论，诺贝尔经济学奖得主约翰·希克斯曾这样写道："如果要撰写20世纪30年代最完美的经济分析史的话，那场大戏（那可真是一场大戏）中的一个要角，非哈耶克教授莫属。"虽然哈耶克的货币、商业周期和资本理论现在已经不大为经济学专业的学生所知，但是，"曾经有一段时期，哈耶克的新理论是凯恩斯的新理论的主要对手。到底谁才是对的，凯恩斯还是哈耶克"④？

　　然而，从经济思想史的角度来看，这种理论对手的形象很可能与

---

　　① 对于凯恩斯主义的态度，张维迎教授多年来的观点颇为一致，这里提供的是他在两个场合的讲话稿所提到的反对凯恩斯主义、拥护市场自由主义（主要是指奥地利学派的思想）的主张：一是张维迎在2015年3月14日北京大学国家发展研究院举办的"CMRC中国经济观察"上的演讲（http://business.sohu.com/20150315/n409815360.shtml）；二是他在2009年2月8日亚布力中国企业家论坛上的讲演（http://finance.sina.com.cn/20090217/10345864499.shtml）。
　　② YERGIN D, STANISLAW J. The commanding heights: the battle for the world economy [M]. New York: Touchstone, 2002. 此书于2004年被Greg Barker和William Cran拍成纪录片，在全世界造成了很大反响。
　　③ 韦普肖特. 凯恩斯大战哈耶克 [M]. 闾佳，译. 北京：机械工业出版社，2013.
　　④ HICKS J R. The Hayek story [M] //Critical essays in monetary theory. Oxford: Clarendon Press, 1967: 203.

思想史的内在源流和逻辑变迁不相符合。这种形象上的对立反映出来
的是，一直以来我们对凯恩斯与哈耶克关于货币、商业周期和资本理
论的误读程度有多深。自 1968 年莱荣哈夫德发表《论凯恩斯的经济
学与凯恩斯主义经济学》①以来，对于 20 世纪 30 年代发生在凯恩斯与
哈耶克之间的那场著名争论，经济思想史学界有了更为深远的认知。
事实上，如果把凯恩斯与哈耶克的这场争论放置在更为宏阔的经济思
想史背景下考量，向前回溯到维克赛尔的货币与资本学说，向后推展
到更为繁复芜杂、辛辣刻薄的剑桥资本之争，乃至今天流布天下的新
凯恩斯主义或新古典综合派的动态随机一般均衡模型（DSGE），我们
会发现，凯恩斯与哈耶克在其各自的理论上所具有的异曲同工之处，
大异于上述那种流行的认识。诚然，凯恩斯与哈耶克在经济理论方面
的认识存在诸多分歧，这样的地方不胜枚举，但如果我们把关切点聚
焦在 20 世纪 30 年代的那场大争论以及由此引发的二者对货币、资本
和动态经济学的理论发展，我们会发现，凯恩斯与哈耶克均沿着维克
赛尔分析的先路，把货币经济中实际变量的调整过程以及利率在这一
过程中所发挥的重要作用视为宏观经济学的根本挑战。正是莱荣哈夫
德所揭示的"维克赛尔联系"②把两位伟大的经济学家联合了起来，
从库恩的科学范式意义上言之，他们之间在这个领域上的相似之处，
甚至比他们本人所认识到的还要多。

11.2　20世纪30年代凯恩斯与哈耶克之争

> 说句实话，这本书在我看来似乎是我读过的
> 思维最为混乱的一本，里面鲜有正确的表述……
> 一个不知悔改的逻辑学者从错误出发最终以一片混乱结束，
> 对于这一切是如何做到的，

① LEIJONHUFVUD A. On Keynesian economics and the economics of Keynes: a study in monetary theory [M]. New York: Oxford University Press, 1968.
② LEIJONHUFVUD A. The Wicksell connection: variations on a theme [M] // LEIJONHUFVUD A. Information and coordination: essays in macroeconomics theory. New York: Oxford University Press, 1981.

　　　　　　　　　　　本书真是树立了一个了不起的榜样。

　　　　　　　　　　——凯恩斯评论哈耶克的《物价与生产》

　　1931 年 1 月，弗里德里希·哈耶克受伦敦政治经济学院莱昂内尔·罗宾斯教授的邀请，到伦敦开设几场讲座，内容包括他对经济周期的研究以及此前发表的引起罗宾斯教授关注的《储蓄的"悖论"》一文的主要观点。但哈耶克到英国的第一站并不是伦敦，而是剑桥。或许是由于彼时哈耶克对英文的掌握还很有限，抑或是英国经济学界尤其是此时尚沉浸在对凯恩斯的《货币论》进行消化的剑桥大学经济学小圈子对来自欧陆的奥地利学派经济思想的隔膜，哈耶克这次在剑桥的讲座并未取得良好的效果。①不过，在罗宾斯的动员和帮助下，哈耶克在伦敦政治经济学院开设的 4 场讲座非常成功，4 场讲座的内容最终经罗宾斯润色而以《物价与生产》为名出版。

　　论战真正的开端始于 1931 年 8 月。是月，哈耶克在罗宾斯的邀请下，在伦敦政治经济学院院刊《经济学》（Economica）杂志上对凯恩斯苦心经营、满怀期待的巨作《货币论》发表了一篇长达五十六页、苛刻到了无情地步的书评。②在这篇书评里，撇开那些花哨的批判策略、尖刻的讽刺艺术，哈耶克主要的批评在于他认为凯恩斯没有"认

146

---

　　① 当时在场的剑桥经济学家理查德·卡恩在《凯恩斯〈通论〉一书的形成》（The Making of Keynes' General Theory）一书中曾对此做过描述。卡恩的描述比较温和，只是表明听众们非常困惑。而同样在场的素以尖刻著称的琼·罗宾逊就没有那么客气了，她后来曾著文回忆这一场景，认为哈耶克在英国经济学界的第一次亮相非常狼狈。参见：[1] 韦普肖特. 凯恩斯大战哈耶克 [M]. 闻佳，译. 北京：机械工业出版社，2013：57. [2] ROBINSON J. The second crisis of economic theory [J]. The American Economic Review, 1972（62），No.1/2：2.

　　② 凯恩斯写作《货币论》前后花费了 7 年时间，其间的思想变化很大，因此凯恩斯本人对这本书并不满意。他曾在 1930 年 9 月 14 日（此时距该书出版只有一个多月了）给他的母亲的信中这样写道："今天晚上我终于完成了我的这部著作。它耗去了我 7 年的光阴——如今一旦完成，内心感受非常复杂。我现在不会再把这件事拖到下个学期，一时感到如释重负。但同时，从艺术的角度言之，这却是一本失败之作——在写作这本书的过程中，对于它应该成为一部完全统一的整体这一点而言，我的思想几经变迁，前后出入很大。不过，我认为，这部书包含着丰富的思想，材料也称浩博。"（此信收入：MOGGRIDGE D E. The collected writings of John Maynard Keynes: Vol.13 [M]. London: Macmillan, 1973.）不过凯恩斯还是在该书序言中表示："虽然如此，我还是希望能够将本书做呈于全世界面前，因为即便本书只代表着一种资料汇编，而不是一部技艺精湛之作，就现阶段而言，此书的出版也仍有其价值在。"（引文经过本书作者的修改，参见：凯恩斯. 货币论：上卷 [M]. 何瑞英，译. 北京：商务印书馆，1986.）

识到处理现有资本价值变化的所有重要问题的必要性"。①

　　哈耶克的书评成功激怒了凯恩斯，后者曾这样写道："哈耶克在读我的书时，没怀'好意'，这不是作者所期待的那类读者。"②但他的回复非常草率，甚至可以说在盛怒之下显得大失风度，该文也发表在《经济学》杂志上，彼时哈耶克书评的第二部分甚至都没有来得及付印。③在这篇回应的后半部分，针对哈耶克书评中提到的资本理论挑战，凯恩斯则承认："我自己并未给出任何令人感到满意的资本和利息理论，也没有把我的书建立在任何现有的理论之上。"这一点正是引起哈耶克不满的"深一层原因"。甚至凯恩斯还承认："这一理论的发展与我对货币问题的处理高度相关，可能把这些问题给丢在了黑暗的角落里，这一点我也认同哈耶克先生。"庞巴维克所倡导的那些基本思想虽有可能最终被认为处在资本问题的核心，但战前英国的经济学家对他的忽略"就像忽略维克赛尔一样是一个错误"。但是，对于哈耶克批评他不了解奥地利资本理论尤其是庞巴维克和他本人的资本理论，凯恩斯则不认为庞巴维克构造出了一套令人满意的资本理论，而且认为诸如此类的理论上的玄远追求"可能会让我们离货币理论更远"④。

　　鉴于我们即将指出的二人所共享的维克赛尔主义的传统，哈耶克在书评当中对凯恩斯也不是没有赞扬之语。"凯恩斯先生所采取的新方法，"他写道，"使利率及其与储蓄和投资的联系变成了货币理论的核心问题，这一点无疑是一个巨大的进步。"⑤同时，他进一步提到："甚至最终也不无可能的是，在凯恩斯的立场和我的立场之间，比我

　　① HAYEK F A. Reflections on the pure theory of money of Mr J. M. Keynes ［J］. Economica, 1931 (11): 270.
　　② SKIDELSKY R. John Maynard Keynes: Vol.2: the economicst as savior 1920-1937 ［M］. London: Macmillan, 1983: 456-457.
　　③ 书评共分两部分，第二部分在1932年2月发表于《经济学》杂志。有关哈耶克这两篇书评的中文解读，可以参见：韦森. 重读哈耶克 ［M］. 北京：中信出版社，2014: 166-168.
　　④ KEYNES J M. The pure theory of money: a reply to Dr. Hayek ［J］. Economica, 1931 (11): 394.
　　⑤ HAYEK F A. Reflections on the pure theory of money of Mr. J. M. Keynes ［J］. Economica, 1931 (11): 270.

目前所倾向认为的差别要小。"①凯恩斯同意哈耶克的批评是对维克赛尔资本理论的重要推进,他说:"大体上我认同哈耶克博士的意见。"他也同意对自然利率决定要素的正式阐述应该成为《货币论》修订版的重要工作。"我唯一能够申辩的是,"他写道,"这样的一个理论并非必要,有关于此我有很多话要讲,而我自己关于它的看法仍然非常初步,尚不值得发表。俟之将来,我将尽力弥补这一缺陷。"②针对这一问题,凯恩斯与哈耶克之间私下通信达12封之多。③而凯恩斯很快厌倦了这种无休止的争论,他认为"也许重塑和改进自己的核心观点方才是更好的办法,徒然进行争论是在浪费时间"④。

但是,二人对于维克赛尔的分析传统都表现得兴趣盎然。凯恩斯虽然感到与哈耶克的纠缠令人厌倦,但还是忍不住邀请斯拉法在剑桥的《经济学刊》上发表了一篇关于《物价与生产》的颇具毁灭性的评论。⑤来自意大利的这位年轻经济学家对欧陆的经济学传统相当熟悉,此前即以善于批评经典著作中存在的问题而著称。⑥在他的这篇批评文章中,他把哈耶克赖以制敌的奥地利资本理论的缺陷进行了揭露,之后机锋所向,均对准了维克赛尔分析方法的核心——自然利率问题。对于斯拉法的批评,哈耶克的回复颇为踌躇,甚至奥地利学派的著名学者路德维希·拉赫曼(Ludwig Lachmann)后来认为哈耶克对斯拉法的批评做出了"致命的让步"⑦。

对于发生在凯恩斯、哈耶克、斯拉法之间的这场三方意见交锋,

---

① HAYEK F A. Reflections on the pure theory of money of Mr. J. M. Keynes [J]. Economica, 1931 (11): 295.
② KEYNES J M. The pure theory of money: a reply to Dr. Hayek [J]. Economica, 1931 (11): 395.
③ 韦普肖特. 凯恩斯大战哈耶克 [M]. 闻佳, 译. 北京: 机械工业出版社, 2013: 83-86.
④ HAYEK F A. The collected works of F. A. Hayek: Vol.9 [M]. Chicago: The University of Chicago Press, 2001: 173. 有关哈耶克与凯恩斯的就《货币论》和《物价与生产》的全部通信, 参见: HAYEK F A. The collected works of F. A. Hayek: Vol.9 [M]. Chicago: The University of Chicago Press, 2001: 164-173.
⑤ SRAFFA P. Dr. Hayek on money and capital [M]. The Economic Journal, 1932, 42 (165): 42-53.
⑥ 斯拉法曾于1926年证明, 在古典政治经济学文献中源于劳动分工的报酬递增, 是不可能与马歇尔式的竞争性框架彼此兼容的。这就在某种意义上否定了马歇尔的外部经济概念。关于这一点详细的内容可以参见: 孙广振. 劳动分工经济学说史 [M]. 李井奎, 译. 上海: 格致出版社, 2015: 122-125.
⑦ 拉赫曼. 资本及其结构 [M]. 刘纽, 译. 上海: 上海财经大学出版社, 2015.

即便是当时的著名学者，也感到深奥难懂。[①]他们到底在争论什么？
此后凯恩斯与哈耶克分别从这场争论当中获得了什么样的启示？他们
又是如何在各自后来的著作中对此做出回应的？这些回应在多大程度
上揭示了二者到底是同袍还是对手？这一切还要从莱荣哈夫德所称的
"维克赛尔联系"说起。

11.3　维克赛尔联系

> 维克赛尔的著作巍如高山，两侧溪水横流，
>
> 灌溉了宽广的各色领域，而后重又汇成一条大河。
>
> ——乔治·沙克尔

克努特·维克赛尔是货币经济理论的创始人，因此也可以把他看
作宏观经济学的创始人，他开创了经济学中的瑞典学派或北欧学派。
这位新古典经济学的集大成者，虽然生前并不为时人所重，但却得到
了后人的极高评价。[②]维克赛尔不仅因其在货币理论和商业周期方面
的研究著称，而且在资本理论、价值与分配理论、公共财政理论方面
的研究也颇负盛名。

在维克赛尔看来，经典的货币数量论虽然是"关于货币价值变动
的唯一的特殊理论，是真正具有科学的重要性的唯一理论"，[③]但对于
如何描述货币供给的变化所导致的价格调整的过程，货币数量论的静

---

① 　当时在大西洋彼岸的弗兰克·奈特教授一直关注着这场争论，他曾写信给奥斯卡·摩根斯坦（Oskar Morgenstern）称："我希望他［哈耶克］或谁能以一种平直的语气向我解释一下，斯拉法和哈耶克之间到底在争论些什么。在这方面，我一直没有发现有谁对此哪怕有一丁点儿的认识。"转引自：GOODSPEED T B. Rethinking Keynesian revolution［M］. Oxford：Clarendon Press，2012：83. 后来在奈特与哈耶克之间也爆发了一场关于资本问题的争论，可以参见：COHEN A J. The Hayek/Knight capital controversy：the irrelevance of roundaboutness，or purging processes in time？［J］. History of Political Economy，2003（35）：469-490.

② 　熊彼特在其《经济分析史》中提到，19世纪最后30年经济分析当中3个最伟大的成就中的第3个就是维克赛尔的成就："作为货币理论家，他嗣后获得的国际声誉，甚至大于马歇尔或瓦尔拉。"可以参见：熊彼特. 经济分析史：第三卷［M］. 朱泱，易梦虹，李宏，等，译. 北京：商务印书馆，1994：481.

③ 　维克赛尔. 国民经济学讲义［M］. 刘絜敖，译. 上海：上海译文出版社，1983：330.

态构想显得捉襟见肘。①维克赛尔引入储蓄−投资利率机制，将货币与实物经济联系起来，从而影响经济体的动态调整过程。

维克赛尔的货币与资本理论的一个最大特色就在于其在"货币利率"与"自然利率"之间所做的区分，②正是这一区分把投资与计划储蓄的偏离联系了起来。由于家庭、银行和企业这些交易者在交易当中并不是共享着一致的信息与预期集合，所以才有货币利率与自然利率之间的偏差。而只要银行和企业以及家庭在不正确的预期或不完全的信息基础上进行决策，货币利率就不会与自然利率相符合，这会导致储蓄高于或低于实际投资。所以，维克赛尔极为强调利率在宏观经济协调过程中的作用，尤其是货币利率与自然利率之间的区分，更是其关键所在。而物价水平的稳定以及投资与储蓄相等，均要求货币利率与自然利率之间达成一致，但是由于影响自然利率的因素复杂多样，所以自然利率并非一成不变，而且很难确定。货币利率则因银行体制的原因变化起来相对机械，这就带来了以货币表现的可贷资金市场的非均衡状态。举个例子，如果投资需求出现了一个外生冲击而突然增加，则自然利率水平会发生变化，这样在原来的自然利率上就存在对财货的超额需求；如果货币利率随自然利率而动，那么货币利率也会上升，从而使消费品需求和资本品需求都下降一部分，使储蓄与投资达成新的均衡。但如果银行坚持认为自然利率并没有变化而提供可贷资金，这就会带来物价水平的提高。错误的价格信号提高了生产者的生产积极性，从而导致对土地、劳动力、原材料这类生产要素需求的增加。这又带来这类生产要素所有者的收入提高，进一步推高消费品的价格。这就是维克赛尔所提出来的著名的"累积过程"。

150

---

① 刘絜敖先生在其《国外货币金融学说》一书中曾综合维克赛尔在《利息与价格》和《国民经济学讲义》第二卷中散落各处的论述，总结了维克赛尔对货币数量论的6点批评。这6点批评从本质上而言与此处我的表述完全一致。可参见：刘絜敖. 国外货币金融学说 [M]. 北京：中国金融出版社，2010：252-253.
② 刘絜敖先生在其《国外货币金融学说》一书中对维克赛尔的自然利率概念进行了辨析，基本上认为维克赛尔始终认为，如果不存在信用，借贷行为只能以实际资本品的形式开展，此种条件下取得的利率就是自然利率所对应的情况，而货币利率则是指在协调家庭储蓄和资本投资时银行体系所发挥的中介作用。可参见：[1]刘絜敖. 国外货币金融学说 [M]. 北京：中国金融出版社，2010：235. [2] GOODSPEED T B. Rethinking Keynesian revolution [M]. Oxford：Clarendon Press，2012：18.

　　事情到这里并没有完结，真正重要的是维克赛尔考虑了货币利率
与自然利率的分离对各种商品相对价格的影响。可贷资金利率降低相
当于信贷价格下降，对资本品的生产者更加有利，从而使生产资源更
多地从消费品生产部门转移到资本品生产部门上来，这就会使消费品
的数量逐年减少。这种情况对于那些领取固定收入的人群不利，消
费品价格上扬会使他们不得不减少消费。用维克赛尔的话来说，
"对于……提升投资水平来说非常必要的实际储蓄，事实上与此同时
强加在了整体消费者头上；因为第二年可以取得的消费品数量要低于
往年的一般水平。"①这就是所谓的"强制储蓄"，它对于保证事后的
储蓄与投资是非常必要的。累积过程理论告诉我们，自然利率与货币
理论之间的差异会引发价格水平波动，这一波动在现实中持续多长时
间并不确定。但维克赛尔并没有对强制储蓄进行更多的辩解。事实
上，强制储蓄增加了资本，而资本积累必然会造成因边际生产力递减
而产生的自然利率的最终下降，这会消弭货币利率与自然利率之间的
分离。这并不是维克赛尔所愿意看到的。事实上，《利息与价格》一
书意在调和货币数量论，而非从根本上抛弃它；如果承认了货币利率
可以最终影响自然利率，这就等于彻底放弃了货币数量论。②因此，
维克赛尔的模型要为自然利率不随货币利率的变化而变化提供理论上
的依据。

　　但这在边际主义方法下的资本理论中显得非常困难。资本与土地
和劳动不同，后两者在我们根据其自身的技术单位进行测量时并不会
带来争议，但资本的测度必须使用价值单位，而在评估资本价值时陷
入循环论证。要想计算利率，就必须先知道资本的价值，而要想计算

　　① WICKSELL K. Interest and prices [M]. London: MacMillan, 1936: 149, 155-156.
　　② 维克赛尔写道："这样就使我们有信心地期望着，银行利率、或者更广泛些，货
币利率，最后总是要同资本自然利率相一致的，或者更恰切些，总是倾向于同不停地变动
的自然利率趋于一致的。"因此，关键问题在于"这样的结果是否能充分迅速地获得，由
此当资本利率上升时（以致货币利率落在自然利率之下），可以防止价格上涨，或者当资
本利率下降时（结果货币利率高于自然利率）可以避免价格逐渐低落"，维克赛尔认为这
"似乎是一个很大的疑问"。参见：WICKSELL K. Interest and prices [M]. London:
MacMillan, 1936: 108, 117.

出资本的价值，同样得先知道利率是多少。①对此，维克赛尔的解决办法是引入庞巴维克的资本密集度概念。所谓资本密集度本质上不是指实存的资本品的物质储备，而是指投资在这一储备上的土地和劳动的平均时间段，就是庞巴维克所说的"平均生产时间"。这样，我们就可以把资本的自然利率定义为延长初始要素投资的时间长度而带来的边际生产力，资本则指的是大量贮存起来的土地和劳动。由此，他指出："由于实际或实质上信用条件放宽的结果，宽松的信贷可以把劳动和土地吸引到资本投放期比较长的企业那边。"维克赛尔这样总结道："生产将做这样的转向，资本投放时期平均长度将增加，流动资本将倾向于转变成固定资本。"②换句话说，货币利率低于自然利率将不单倾向于提高投资，而且特别会在那些孕育过程非常之久的项目上提高投资。

152

　　由于资本稀缺性以及资本边际产品的技术性质，资本的价值会有所差异，而且随着资本和劳动之类生产要素的投入价格——利率与工资——不同，资本价值也会不同。这就使维克赛尔的累积过程不能不受影响。"实际上，情况是没有这样简单的"，因为"我们一直有一个隐含的假定，即商品在交换中的相对价值并无变动。但它们当然要受到生产情况变动的影响，反过来，它们也是要影响生产情况的"。③换句话说，由于资本的测量单位与其自身无关，价值资本的每一增量都将改变，借以衡量资本投入的相对价值，由此将改变不同生产过程的相对盈利性。这就需要对相对价格的各种复杂成因进行解释。对此，维克赛尔也意识到了，他这样写道："为求完整起见，须考虑到所有这些不同变化对资本结构本身的影响。"④但维克赛尔并未就此深入研究。这就是莱荣哈夫德所谓的"维克赛尔联系"。

---

①　维克赛尔. 国民经济学讲义［M］. 刘絜敖，译. 上海：上海译文出版社，1983：149.
②　WICKSELL K. Interest and prices［M］. London：MacMillan，1936：149.
③　WICKSELL K. Interest and prices［M］. London：MacMillan，1936：132. 维克赛尔继续写道："处理这个问题唯一的科学方法，在于对所有这些因素加以同时的注意，像瓦尔拉斯很清楚地所指出的那样。"
④　WICKSELL K. Interest and prices［M］. London：MacMillan，1936：134.

　　总而言之，在维克赛尔联系中，维克赛尔提出了两个基本命题：
第一，货币利率与自然利率的分离会导致价格累积性上涨或下跌；第
二，只有当银行的储备耗尽时它才会被迫抬高或调低利率，使累积性
价格趋势停止。但同时，与这两个命题相联系的还有两个根本性的理
论缺陷：第一，维克赛尔无法对累积过程中相对价格的变化做出解
释；第二，他关于自然利率的资本理论基础问题重重，无法在多种商
品的世界得到定义。从某种意义上来说，凯恩斯与哈耶克都在尝试把
累积过程解释成一种周期现象，虽然这并不是维克赛尔的初衷。无论
是凯恩斯的《货币论》（1930）还是哈耶克的《物价与生产》（1931）
都旨在从根本上把相对价格引入累积过程，把相对价格的变化视为商
业周期的前提。他们保留了维克赛尔对货币利率与自然利率的区分，
同样保留了储蓄与投资的分离以及强制储蓄机制。他们认为，只要货
币利率仍然低于自然利率，储蓄和投资就不会相等，生产结构就不会
均衡，如此则施加在相对价格上的再均衡压力会永不停止。因此，所
有这些维克赛尔的元素都还继续活跃在舞台之上，不过，在阻止累积
过程方面，他们给予了相对价格特别的重视。

　　由此回顾我们在本文引言中揭示的双方体现出来的理论上的对
立，《货币论》《物价与生产》所具有的惊人一致性就很值得玩味了。
事实上，二人不过是在维克赛尔联系的不同侧面进行建模而已，而且
这种努力在经过斯拉法批判之后得到了进一步的深化。

11.4　斯拉法批判

> 下一步该怎么做？
>
> 我感到那个书呆子已经哈欠连天——我也一样。
>
> 然而我还是禁不住认为，其中还有很多有趣之处有待澄清。
>
> ——凯恩斯写给斯拉法的信

　　斯拉法对哈耶克的批判集中在强制储蓄与自然利率这两个方面，

而二者都与维克赛尔联系紧密相关。

哈耶克认为，在强制储蓄的条件下，对当期消费的牺牲"是由那些将获取新投资收益的人们做出的"[1]。因此，他得出了这样的结论："毋庸置疑"，一旦要素收入提高，消费者将"立即尝试着扩大消费到其往常的比例规模上来"，由于先前投资的资本实际上是被消费了，所以资本投资出现缩减情况是不可避免的事情。对于这个命题，斯拉法这样反击道："稍加沉思即可知晓，'毋庸置疑'这种事情并不会发生。一个阶层暂时掠夺了另外一个阶层的部分收入，然后把战利品储蓄起来。一旦掠夺结束，很显然受害一方是不可能去消费那些现如今已经不在己手的资本的。"[2]虽然斯拉法的这个批评为他赢得了满堂喝彩，但实际上他犯下的是任何熟悉维克赛尔著作的人都不可能犯下的错误。在生产的较早阶段，对生产者产品的出价高于生产的较后阶段，其原因不在于给了这些阶段更多的信贷，而是因为更低的折现率不成比例地提高了长期投资项目的价值，从而使得较早阶段的生产者相对于较后阶段的生产者现在更有意愿也有能力出高价。因此，斯拉法观察到只要银行打算以某种方式在生产者和消费者之间均匀地分配信贷，那么生产的时间结构内实际上就不会出现变化的诱因，这一点完全正确。但是，正如哈耶克回击的那样，斯拉法的方法只不过是"忽略了通过银行利率机制完成的信贷扩张'为了不打破初始的比例而不会分配消费者与生产者之间的新增货币'这一事实，但肯定会赞同'更高'的阶段乃是以'更低'的阶段为代价的"，这倒不是因为银行的什么计谋，而是利率对相对价格的影响所致。[3]由此可见，哈耶克的回复重新回到了维克赛尔对相对价格和资本结构问题的重视上

---

[1] HAYEK F A. Prices and production ［M］. 2d ed. London：Routledge & Kegan Paul, 1935：57.

[2] 斯拉法进一步补充道："如果他们是挣工资的劳动者，恨不能将每一个钢镚掰成两半花，他们是没有啥钱用来扩大消费的。而如果他们是资本家，却也没有享受到这些战利品，他们倒实际上可能会因为利率的下降而被刺激消费现有的一部分资本；但是不会比若利率已经被其他人们的'自愿储蓄'所拉低的情况下而消费得更多。"参见：SRAFFA P. Dr. Hayek on money and capital ［J］. The Economic Journal, 1932, 42（165）：42–53.

[3] HAYEK F A. Money and capital：a reply ［J］. The Economic Journal, 1932, 42（166）：239–249.

来，斯拉法的批评迫使哈耶克背上了维克赛尔的理论包袱，哈耶克自
己也承认"我的理论成败利钝"都在资本消耗问题，但同时仍然坚持
认为"详细描述新增资本被消耗的这个过程，乃是一项烦冗的任务，
我希望不久后可以另外具文详论"。①

在对哈耶克秉承的奥地利-维克赛尔主义的资本理论进行抨击之
后，斯拉法转而对准了自然利率这个概念进行批判。他认为，维克赛
尔主义的货币-自然利率框架是以"一个基本的混淆为其特征的……它
把'实际利率'视同'货币利率'，'均衡利率'视同'自然利率'"。
斯拉法反对道："如果货币不存在，借贷以所有各类商品来实现，满足
诸均衡条件的确是只有一个单一的利率，但是在某个特定时点，因为
商品众多，所以可能就会有很多'自然'利率，虽然它们不会是'均
衡'利率。"②但斯拉法坚持认为他并没有对维克赛尔进行批评，"如果
我们把银行利率当成'自然'利率，则这个利率可以稳定物价水平
（复合商品的价格）：它是进入到物价水平中所有商品'自然'利率的
平均值，加权的方式一如在物价水平中的加权方式"——换言之，也
就是物物交换条件下各种利率之总指数。③然而，斯拉法又说，对于任
何一个随意选定的复合商品，"必有相应的一个利率，将等于按照该复
合商品计算的储蓄起来的货币和为投资借入的新增货币的购买力"④。
对此，哈耶克的回复显得颇为踌躇，他甚至承认斯拉法的批判更加符
合现实。⑤不过，哈耶克断言"这些不同利率之间的相互联系非常复

---

　　① HAYEK F A. Money and capital: a reply ［J］. The Economic Journal, 1932,
42（166）: 239-249.
　　② SRAFFA P. Dr. Hayek on money and capital ［J］. The Economic Journal, 1932,
42（165）: 42-53.
　　③ SRAFFA P. Dr. Hayek on money and capital ［J］. The Economic Journal, 1932,
42（165）: 42-53.
　　④ SRAFFA P. Dr. Hayek on money and capital ［J］. The Economic Journal, 1932,
42（165）: 42-53.
　　⑤ 对此，斯拉法报之以嘲讽式的幸灾乐祸。他在反驳哈耶克的答复中写道："哈耶
克博士现在承认'自然'利率不是一个了，但是对这点他只说了句'它们都是均衡利率'
了事。对此，我唯一能够想到的意义（如果它有意义的话）就是，他的政策准则现在要求
货币利率应该与所有这些彼此相异的自然利率相等。"参见：SRAFFA P. Money and capital:
a rejoinder ［J］. The Economic Journal, 1932, 42（166）: 251.

杂，以至于很难在这个回复当中详加讨论"①。似乎哈耶克也正在寻求对其核心立场进行"重塑和改进"。

事实上，斯拉法对哈耶克的这场批判并不仅适用于哈耶克，也适用于凯恩斯。正如凯恩斯所承认的那样，他的《货币论》模型缺乏资本理论基础，尤其缺乏对自然利率令人满意的解释，因此，斯拉法对哈耶克所秉持的资本理论以及自然利率概念的抨击用在凯恩斯身上全无不妥。所以，可以这么说，斯拉法的提醒对于二人嗣后的理论发展都产生了深远的影响。同样，根据斯拉法的评论，哈耶克对凯恩斯未充分发展的自然利率理论之批评，用来回敬其自己也无不可。不过，走出困境的道路正是斯拉法指出来的，出路就在我们可能可以以某种"复合"商品的形式来定义那个自然利率。然而，斯拉法的答案又引出了两个新的挑战，凯恩斯和哈耶克必须直面这两个挑战：第一，潜在的复合商品无穷无尽，到底我们该选哪一个？第二，相应的自然利率是如何与货币互动的？

156

11.5 对《通论》的影响

> 凯恩斯与哈耶克的这两种理论看似彼此对立、相互矛盾，
>
> 实际上是一种幻象；
>
> 石头密度比水大，所以下沉，
>
> 橡木塞密度比水小，所以上浮，
>
> 这两种理论讲来讲去，不过是这么一点差别而已。
>
> ——乔治·沙克尔

凯恩斯对斯拉法批判的反应体现在《通论》的第 16 章和第 17

---

① HAYEK F A. Money and capital: a reply [J]. The Economic Journal, 1932, 42 (166): 239-249.

章，^①特别是第 17 章对流动性偏好和资本边际效率的处理。^②在《通论》的早期草稿中，凯恩斯认为，他的这本巨作的目的就是发展一套关于资本边际效率与利率之间关系的新理论。^③正是在第 17 章，凯恩斯综合了他认为的《通论》四大支柱要素——有效需求的概念、边际消费倾向背后的心理规律、流动性偏好以及资本边际效率——阐发了这一新理论中的核心关系。

作为对斯拉法关于自然利率思想的回应，我们知道《通论》中确实存在这样的一个复合自然利率——资本边际效率。^④与物质产品相对，凯恩斯把资本边际效率定义为"这样一种折现率，它可以使在资本资产的存续期内由其产生的报酬所支付的一系列年金之现值，恰好与其供给价格相等"^⑤。换言之，资本边际效率描述的是某种资本资产的预期或期望的收益与其当前的重置成本之间的关系。^⑥按照凯恩斯的说法，构建一个计划表，以表示为了具体一项资本资产的边际效率降到某个给定水平需要在其上做出多少投资，这种可能性是完全存在的。然后，"为了大体上给出一张把总投资的利率和相应资本边际效率（由此得出该投资利率）联系起来，根据不同类型的资本"可以把这些计划表进行加总。那么，很显然，投资应增加到最后一个盈利的投资项目的边际效率正好等于通行的市场利率为止，而这个市场利率是现有金融

① 在《通论》一书第 17 章第 2 页的脚注里，凯恩斯向斯拉法的评论致以谢意，由此可见一斑。参见：KEYNES J M. General theory of employment, interest and money [M]. New York: Harcourt, Brace and World, Inc., 1936: 223.

② 可能主要由于凯恩斯在这两章的表达不够清楚有力，所以后来的学者以及经济思想史学家对它的评价似乎不高。如 Blaug 就认为："警句迭出的第 16 和 17 章不过是绕了个远道而已，忽略它们并不影响其主要的观点。"参见：BLAUG M. Economic theory in retrospect [M]. 3d ed. Cambridge: Cambridge University Press, 1978: 658. 其他关于这两章的争讼文章的参考文献可以参见：GOODSPEED T B. Rethinking Keynesian revolution [M]. Oxford: Clarendon Press, 2012: 111-112.

③ KEYNES J M. The general theory and after, part Ⅰ: preparation [M] // MOGGRIDGE D E. The collected writings of John Maynard Keynes: Vol.14. London: Macmillan, 1973: 362.

④ LACHMANN L. Capital and its structure [M]. London: Bell and Sons, 1956: 76-77.

⑤ KEYNES J M. The general theory of employment, interest and money [M]. New York: Harcourt, Brace and World, Inc., 1936: 135.

⑥ 凯恩斯对资本资产的"供给价格"所下的定义是："不是该类资产在市场上实际可以购买到的那个价格，而是刚好可以诱使制造者重新生产更多一个单位该资产的那个价格，即我们有时所称的重置成本。"参见：KEYNES J M. The general theory of employment, interest and money [M]. New York: Harcourt Brace, 1936: 135.

资产市场上所呈现出来的利率。①而这正是维克赛尔所乐于见到的，尽管凯恩斯在掩饰维克赛尔联系上不遗余力，但他仍然保留了在市场利率与实际上称之为"自然"回报率之间所做的区分。正是对维克赛尔的自然利率做了这样的改头换面，凯恩斯才把资本边际效率与其他三个主要的理论基石相结合，重新处理了维克赛尔式的累积过程。②

不过，凯恩斯对维克赛尔的主题所做的改变，即对资本边际效率定义本身所做的改变，并不仅仅是用另外一个名字取代了维克赛尔的自然利率那么简单。对凯恩斯而言，一项投资的"资本密集度"对能否带来更大的实际收益并不重要，重要的是它能否"以最有效率的方式组织生产，而这种方式与消费者需求预期变得更有效的那些时点上的贸易交付相匹配"③。经济中的个体参与人所面临的真正挑战在于：他必须在今天签订合约，以便为资本项目进行融资——去建设工厂、备上存货或投资研发，而产出只会在那些他既不了解也无法在缺乏统计上的同等确定性条件下进行有效的套期保值的环境下才能实现。凯恩斯在第16章"关于资本性质之几点观察"使用了一种创造性的类比，来对这一点进行了说明：如果消费者在听取详细报道，知道在各种晚餐时间可能有的饭菜情形以后，决定在晚8时开饭，则厨师之职责乃在配合该时间，尽力做好菜，准时开饭，——虽然如果不论时间，只就产生绝对最好的晚餐而论，厨师认为最合适的时间也许是7时30分、8时或8时30分。④

哈耶克在《资本纯理论》一书中提到凯恩斯共11次，有7次在对凯恩斯的流动性偏好与可贷资金理论进行批判。无论凯恩斯的货币经济理论引起了多大的学术影响，哈耶克却总是在实物层面展开自己的

158

---

① KEYNES J M. The general theory of employment, interest and money [M]. New York: Harcourt Brace, 1936: 136—137.
② 限于篇幅，我们不再对凯恩斯在《通论》第17章中提出的自利利率框架进行详细讨论，但要清楚这一讨论是凯恩斯为斯拉法对自然利率的批判进行的回应和发展。
③ KEYNES J M. The general theory of employment, interest and money [M]. New York: Harcourt Brace, 1936: 215.
④ KEYNES J M. The general theory of employment, interest and money [M]. New York: Harcourt Brace, 1936: 215—216.

研究，把他的研究建立在充分就业的假设之上，虽然他也承认，当资源大量闲置时，流动性偏好的假设是非常重要的。哈耶克不止一次在他的这本《资本纯理论》中提及，货币的动态影响不在他的分析范围内，值得另辟专书加以研究，而这本《资本纯理论》不过是一部预备性质的著作而已。①如此再三解释，都有啰唆之嫌。牛津大学学者古德斯皮德对此评价称："哈耶克对其分析的适用范围再三强调，表明他根本没有认识到他与凯恩斯的理论所具有的不同应用边界，这真是让人大感意外，就此而论也颇让人扼腕叹息。凯恩斯坦承，一旦总产出处在'与充分就业相应的水平上，古典理论就可以继续进行有效的分析'②。哈耶克同样表现出来类似的坦率，他也认为，如果经济不能达到或接近充分就业，在描述动态的调节过程上，流动性问题即便不是至关重要，那也是非常根本的。表面上来看，凯恩斯对流动性偏好极为强调，对此，哈耶克颇为关注，究其原因，乃是源于他反对把流动性偏好一般化到充分就业情况上去。"③不错，哈耶克认为，货币变化一定会造成经济行为人对未来的预期落空，大大扭曲真实的经济状况，从而造成经济活动的经常性波动。对此，凯恩斯一定会问：这种扭曲到底在多大程度上推翻了经济运行中的那种稳定趋势？这个问题对于协调预期的资本变化而言是非常根本的，而这恰恰是维克赛尔联系的核心所在。

　　哈耶克和凯恩斯在维克赛尔的联系之下，共同关心的是这样一个问题：货币经济是如何在一个充满着不确定性和异质性资本的世界穿越时间与无知的黑暗而完成对经济活动的协调的？与当今盛行的缺乏时间概念的瓦尔拉斯的试错主义不同，凯恩斯与哈耶克认为，经济主体在计划上的一致性是均衡的内在要求，这些计划是无法由那个充满

　　①　哈耶克虽然这样说，但他没有再写所谓的第二卷。早在《资本纯理论》出版之前，哈耶克的研究兴趣已经开始从对商业周期理论和资本理论转移到对分散知识下经济活动的协调问题上去。
　　②　KEYNES J M. The general theory of employment, interest and money [M]. New York: Harcourt Brace, 1936: 378.
　　③　GOODSPEED T B. Rethinking Keynesian revolution [M]. Oxford: Clarendon Press, 2012: 149.

神秘气息的、瓦尔拉斯式的拍卖人所协调的，也不可能由理性预期的代表性经济主体所协调，而是要由持续的市场互动和预期的反复修正来逐步协调兼容。这就需要引入对货币与资本的动态讨论。而这样的讨论不可能在宏观经济学如今占据主导地位的瓦尔拉斯主义的分析模型中取得一席之地，一般均衡的理论家对于货币经济中的均衡变化无法给出合理的解释。而对于凯恩斯和哈耶克而言，货币是价格体系中一类松散的装置，可能会放大预期或预期的误差。各种影响经济活动的自然力量变动不居，是价格体系的一个基本特性，这个特性所导致的实际变化必然要通过货币这个渠道发挥作用，一旦这类变化牵涉到多个时期的决策，由不确定性所带来的货币经济体系的复杂性也会放大货币这种装置所起到的作用。根本的问题在于，货币所发挥的作用是在什么样的程度下促成了经济活动中各种力量最后复归均衡的，要知道货币带来的影响在一定时间内会大大扭曲由实际变量所确定的相对价格结构，其中货币还会首先影响到另一类价格——利率。对于这样一项维克赛尔设置下的艰难任务，凯恩斯与哈耶克均不遗余力地加以研究，这样的任务不但要面对如何解决物质资本与金融资本之间的冲突问题，还要面对如何构建作为时间过程的均衡概念问题。所有这些凯恩斯与哈耶克在这场争论中所面对的问题，与20世纪60年代的剑桥资本理论之争在内核上很相似，正如凯恩斯所言："如果不去进行这方面的探索，我们过去几十年的研究所得将付之东流。"[①]然而，既然影响经济的自然力量的变化和时间因素带来了众多问题，那么经济学家们撤退到非时间的一般均衡模型上来，也许就是职业发展中的最优选择了。毕竟，把资本和时间的问题纳入到单一商品的、简单的实物模型中去，或者借助瓦尔拉斯主义虚构的一般均衡世界，事情就好办多了。

　　无论凯恩斯与哈耶克的这场争论当年如何轰轰烈烈，最终在一般均衡范式的强力之下都会在经济学家的职业文化氛围中烟消云散。

---

　　① GOODSPEED T B. Rethinking Keynesian revolution ［M］. Oxford：Clarendon Press，2012：171.

12 重新思考
凯恩斯革命

12.1 凯恩斯革命的内在逻辑

> 凯恩斯把经济进步看作把人们从辛苦劳作中解放出来的途径，
> 之后人们可以学着如何"像田间的百合"一样生活，
> 珍视当下，淡泊来世。
>
> ——罗伯特·斯基德尔斯基

凯恩斯引发的这场经济学革命，是一场与传统的古典经济学强调人们是在稀缺条件下做出选择的传统逻辑的交锋，凯恩斯的经济学强调的是人们在不确定性条件下进行选择的经济新逻辑。

当然，无论是传统的逻辑，还是凯恩斯的逻辑，从根本上讲都是理性人的理性逻辑，但是，二者对信息的假定是不同的。

古典经济学家和今天的新古典派经济学家，或隐或显，都假定市场中的人们对于未来事件的发生概率一概了然于心，也就是说，人们面对的都是可以测度的风险。投资就像是购买一份保险，保险合同已经考虑了一切可能性。而凯恩斯认为，在很多情况下，市场中的人们面对的是无法克服的不确定性，他们所置身的这个世界是一个未知的世界。

这可以解释凯恩斯对货币或财富的看法。他认为，财富是古典经济学理论方法中一个特别不适用的主题，从这个意义上，可以引申出凯恩斯理论中认为货币的关键作用就是"价值贮藏"。货币是人类社会在面对不确定性时所约定俗成来保护自己免遭不幸的工具，有了它，人们可以暂时不急着决定是否购买东西，或者购买什么东西。在凯恩斯的经济学中，货币始终是其考察的重要对象，占据着至关重要的地位，在解释1929年大萧条时也是如此。在他看来，宏观经济管理的主要职能，应当是尽可能地缩减不确定性发生的范围，而不是不确定性本身。

凯恩斯认为，在大卫·李嘉图之后，经济学即误入歧途了。在凯恩斯之前，有四个主要的概念在主导着经济学的思维，这些都是凯恩斯积极努力、试图加以改变的传统观念，但是，直到今天，这些观念依然在很大程度上盘踞在经济学领域，难以移易。这些观念就是：稀缺性、货币中立、均衡思想和假设的不现实性。

在亚当·斯密之后，经济学的发展一直是使一开始使用的较为隐蔽的那些假设、论证和方法更加显性化，经济学家所采用的主要是数学的方法。这样的抽象演绎方法，或许与大卫·李嘉图密切相关。著名经济思想史家约瑟夫·熊彼特曾把这种注重抽象演绎而轻视历史归纳的方法，称为"李嘉图恶习"，这一点与亚当·斯密是截然不同的。但是，李嘉图在使用这种方法的同时，并不忘记密切结合时代的问题和历史的延续。在这一点上，凯恩斯的政策建议深受李嘉图的研究习惯之影响。他表示，从李嘉图身上很自然地学会了在对发现问题很感兴趣的同时，对诊断问题也颇有兴趣。或许他的解决方案并不是根除问题的终极方案，因为解决问题要基于各种特定的假设，因时、

162

因地而异。但是，了解一位伟大的经济学哲人是如何进行诊断的，或许也别有一番兴味。

12.2　传统逻辑之一：稀缺性与货币中立

> 只有在银行利率和自然利率相等时，
> 货币才是中立的；
> 否则，经济就会发生累积性的扩张或收缩，
> 货币就不再保持中立。
>
> ——克努特·维克赛尔

　　凯恩斯之前的经济学，乃至当今的价格理论，皆是以稀缺性逻辑为基础的。

　　现代微观经济学，即价格理论，认为相对于人们的需求而言，资源总是稀缺的。因此，在这个古典经济学假设的传统理想世界里，人类创造出来的工业品永远不会出现剩余的时候，只要有供给，就一定会有需求。

　　李嘉图说：需求只受生产的制约。

　　法国经济学家萨伊说：供给自动创造自己的需求。

　　也就是说，只要产品能够被生产出来，人们就一定会把它们买走。

　　古典经济学可以解决不同行业之间的需求调整，但是，整体的需求确实不受假设所限制。如此一来，经济学家的唯一任务就是思考如何增加供给。亚当·斯密的名著标题《国民财富的性质和原因的研究》即给了我们很好的提示，那就是"国民财富从何而来"。

　　马尔萨斯担心的是，如果不对人口进行预先的控制，那么，人口的增加会超过生活资料的增加，这样，人类就只能生活在悲惨的境地里，从而为经济学赢得了"阴郁科学"的名称。他的后继者却是相对乐观的边际主义者。

1932年，伦敦经济学院的莱昂纳尔·罗宾斯，这位当时英国最年轻的经济学教授给出了一直到今天都广为接受的经济学定义："经济学"就是通过研究具有多种用途的稀缺手段和最终结果之间的关系，来解释人类行为的学科。因此，凯恩斯经济学中的总需求概念，在没有进入经济学之前，根本就不是一个问题。

稀缺性无处不在。所以，经济组织的任务就是尽可能多地创造出社会财富来，它所借助的那一整套经济体系，就是亚当·斯密这位现代经济学之父创造出来的著名隐喻——看不见的手。现代经济学家纷纷把这个隐喻赋予这样的含义：众多追求自利的个体在"看不见的手"的指引下，最终会按照有利于社会政府福利的方式来行事。这个隐喻是自由放任主义的依据，它告诉我们财富创造完全应该交给竞争性的市场，而不是政府。市场越是广阔，劳动分工就越深入，生产效率也就越高，社会财富就会被更多地生产出来，这是自由贸易的经济基础。亚当·斯密在他的书中并没有把这个隐喻看得像今天这样重。而今天，市场自由主义俨然成为一种神学教条，在这个带有神学色彩的隐喻之下，只要政府对自由市场进行干预，就一律被视为财富增长的羁绊，是对神圣的市场之大不敬。

凯恩斯革命则与此截然相对。他认为，在一般所认为的正常情况下，总供给是会大于总需求的，没有什么可以确保被生产出来的东西一定会被买走，而且储蓄会减少消费，不一定转化为财富。古典经济学的核心是价值理论，即由什么来决定相互交换的商品和服务的价格。它认为，经济学研究的是价格如何被决定，一种商品的价格如何形成整体价格体系中的一部分。而货币，只是促成交易的工具，它使物物交换更为容易，避免每次交易都要找到"共同的需求品"。使用货币的经济，不过是物物交换经济的一个比较便利的形式，对持稀缺性观点的经济学家而言，人们获取货币不过是为了比较快速地转手，要么用它来购买消费品，要么用它来投资资本，也就是机器设备等，因为货币本身并没有什么功用可言。人们获取货币，唯一的目的只是购买产品，货币数量的改变不会对商品和服务交换的比例产生影响，只会对所有商品和服务的总价格水平有所影响。在古典经济学那里，货币理论并不是什么重要的理论分支，甚至直到凯恩斯的老师马歇尔，都没怎么重视过货币理论。在马歇尔那举世闻名的经济学经典教科书《经济学原理》中，直到该书的第三版，他才增加了对货币问题的讨论。

直到今天，在主流经济学模型中，货币仍然没有一席之地。而对于凯恩斯而言，货币是价值的储藏，是交易的媒介，而且最为重要的是，它是联结现在和未来的微妙装置。货币经济基本上关心的是，对未来认识的改变会影响就业的数量，而不仅仅是就业的方向。

12.3 传统逻辑之二：均衡思想与假设的不现实性

> 凯恩斯的分析结构在逻辑上同所有的一般均衡体系是不一致的，
>
> 起码一点是它是建立在更广泛的均衡定义的基础上的，
>
> 而不仅限于使市场供求均衡。
>
> 因此凯恩斯更广泛的均衡定义一定会提供一个更为一般的理论。
>
> ——保罗·戴维森

古典经济学是牛顿物理学的后代。只不过，这可不是牛顿刻意为之，而是"非婚生"的后代。古典经济学家尤其是亚当·斯密对牛顿的力学体系佩服得五体投地，这体现了启蒙运动及其之后的经济学家对自然科学所取得的伟大成就的心仪之情。

这种古典经济学把经济学描绘成是由独立的原子式的个体人类构成的世界，这些原子式的个体彼此互动，最终使得这个世界处在均衡状态之下。亚当·斯密的后继者们认为，在经济学领域中存在与引力相对应的理性自利动机，这种动机是普遍存在而不可移易的。它在自由竞争的环境中会发挥重要而基础的作用，在自利和自由市场的影响之下，经济自然会达到一个最优的均衡状态，经济中的个体尽管互相竞争，但是他们的行为彼此可以抵消错误，达到美好的帕累托状态。

一般均衡理论的创始者——经济学家莱昂·瓦尔拉斯一直把经济学的这种机械主义视为其经济建模的基础，在他那里，经济学的大部分理论不过是物理学的变种，只需要在所用的词语上做些改变，一切就没有什么差别。

甚至，连经济学的鼻祖亚当·斯密也把自己看成是人类社会学中的牛顿。

1817年，李嘉图写信给他的朋友马尔萨斯：

在我看来，我们之间出现分歧的一个重要原因就是，在你的脑子里始终考虑的是某些变化引起的即时效应和暂时的结果，而我总是把即时和暂时的效应抛在一边，全神贯注地思考这些变化可能导致的持续性状态。

现代经济学家基本上都是李嘉图的信徒。而马尔萨斯的回答是：

我当然乐意就事论事地讨论一般事物的常态，而且也希望它是使我们的思想对社会有用的唯一途径。但是，除此之外，我真的相信社会的进步是由不规则的运动带来的，如果忽略考虑那些会在八到十年之后对生产和人口带来极大刺激或阻碍的因素，就等于忽略考虑造成一个国家富裕和贫困的原因。

凯恩斯继承了马尔萨斯的衣钵。他说：

长期对当前我们要讨论的事务而言是一个颇具误导性的概念。长期来看我们都死了。如果在风雪交加的时节，经济学家只是告诉我们一旦风暴肆虐足够长的时间后，大海会恢复平静，那么，这群经济学家给自己设定的任务也就太简单、太无用了。

写下这段警世格言时，在他的脑海中，一定回响着李嘉图和马尔萨斯之间的这场对话。

经济学家内部历来充满争议，难得有一致的看法。其中一个辩论的焦点，就是假设是否可以不够真实。

在李嘉图时代，经济学家使用的模型比较精简，只包括一些很有限的变量。尽管李嘉图式的模型非常抽象，但是古典经济学家还是希望能够将他们的模型尽可能地建立在社会的基本事实之上。李嘉图将国民收入分为租金、利息和工资这么几个部分，认为它们在社会体系中分别对应着地主、资本家和工人。而后来的边际主义者则抛开了这些社会事实，把经济学看成一门研究选择的逻辑和追求效用最大化个体行为的科学。这样一来，这门学科的所有社会色彩就都褪去了。

凯恩斯在他的书中也建立模型，但是，他认为，建立经济理论应该服从于真实的世界，而不是另外去单独创造一个理想的完美世界。反复出现的失业是社会的基本事实，所以，没有必要去建立一种关于充分就业的模型。与弗里德曼这类认为经济学只要预测正确即可忽略其假设的现实性的经济学家不同，凯恩斯认为现实的假设具有极大的重要性，他对古典经济学家的诟病就在于这些人使用的模型都依赖于假设，而不是重要的社会事实。

凯恩斯不会为了数学的精确性而放弃其经济理论的现实性；否则，他认为经济学在给出政策建议方面就一无是处。经济学家最为重要的能力应该是敏锐的观察力，在解释经济事实时必要的逻辑论证不能替代观察。

12.4 淡水学派与咸水学派：现代宏观经济学争论之现状

> 最前沿的货币经济学很可惜都毫无用处。
>
> ——前英格兰银行货币政策委员会委员维纶·布依特

在当今的宏观经济学领域，既有恪守传统逻辑的新古典主义，也有号称继承了凯恩斯思想的新凯恩斯主义。新凯恩斯主义指责新古典主义者生活在中世纪的黑暗时期，新古典主义者则把新凯恩斯主义视为异端邪说。对于危机之后世界经济政策的走向，两大学派各执一词，水火不容。有人把这种情况划分成所谓的淡水学派和咸水学派。

淡水学派是19世纪70年代出现于美国的总体经济学思潮，主张自由经济、市场经济，立场上接近于新古典经济学，其主要成员主要来自芝加哥大学、卡内基梅隆大学、罗彻斯特大学、明尼苏达大学等。因为这些大学皆靠近五大湖区，所以被称为淡水学派。

与淡水学派相对抗，支持凯恩斯主义、政府干预的总体经济学者，则被称为咸水学派。这派学者主要来自于哈佛大学、耶鲁大学、麻省理工学院、斯坦福大学、加州大学伯克利分校、宾夕法尼亚大学、普林斯顿大学、哥伦比亚大学等。因为这些大学分别位于美国东海岸与西海岸，故被称为咸水学派。这两个术语最早出现于1976年经济学家罗伯特·霍尔的文章，很快就成为经济学界常见的称呼。这两个学派共同形成了主流经济学传统。

大体上来说，淡水学派的经济学家认为具有完全市场和对称信息的一般均衡模型才是最接近现实的。他们假设人总是具有理性预期能力，每个人都知道而且总是知道所有可以想象得到的情况。市场的最终结果是具有帕累托效率的，也就是说，不可能再有什么更大的改进余地。淡水学派的学者进行了大量的研究，得出结论说经济衰退是具有资源优化作用的，就算我们可以阻止经济衰退，阻止它也是错误的。

咸水学派的宏观经济学家则持有完全不同的观点，但是他们内部也有着不同的侧重点，有些人致力于做实证研究，有些人致力于研究不完全市场、不对称信息和不完全竞争条件下的基础理论的重要性。由于市场在根本上受到了制约，所以，其结果不可能是帕累托最优的。也就是说，在监管的作用之下，各方的境况都可以得到改善。

168

　　尽管两大学派对政策建议有着很大的分歧，但是它们两者的基本理论前提是共通的。它们之间的纷争更像是家庭内部的矛盾。

　　新古典主义宏观经济学有着三大前提：理性预期假说、真实经济周期理论和有效市场假说。这三者彼此关联，构成了现代宏观经济学的基础。这些理论的构建者也分别都获得了诺贝尔经济学奖。新凯恩斯主义将这些理论视为无稽之谈，但是，对于当今普遍接受美国训练的主流宏观经济学家来说，这几乎是研究这门学科的唯一门径。持有这样的理论，新古典主义经济学家当然不愿意承认经济危机已经出现，如果市场是有效的，那么它就不会失灵，所以危机的发生一定是由错误的政策造成的。

　　新凯恩斯主义在试图解释经济危机的成因时也捉襟见肘。新凯恩斯主义者具有明显的两面性，他们既接受现代宏观经济学模型，认为完全信息的假设使得金融市场显得多余，但是又发展了具有微观基础的模型，显示金融市场也会失灵。他们对完全信息假设做了一些变通，认为市场失灵的原因在于"信息的不对称"：内部人拥有比外部人更多的信息优势，他们利用这种信息优势赚钱。但是，信息不对称的存在，完全无法解释由不确定性导致的经济危机。

　　凯恩斯所开创的宏观经济学这门学科，在面对今天的经济危机时，依然和1929年经济危机后的经济学界一样，众说纷纭，莫衷一是，但是很少有人再去认真地倾听这位学科创建者的话。

12.5　重新思考凯恩斯革命之一：不确定性与有效需求

> 正是这种阻止竞争趋势理论上的完美结果而产生的真正的不确定性，
> 赋予了整个经济组织独特的"企业形式"，
> 说明了企业家特有的收入。
>
> ——弗兰克·奈特

　　针对古典经济学的传统逻辑，凯恩斯的这场经济学革命——做出了修正。

　　凯恩斯用人们约定俗成的习俗取代了亚当·斯密的"看不见的手"。相比较于古典经济学的理想类型下的理论解释，凯恩斯提出了更为接近现实的理论来解释人类的行为。他的方法切断了个人行为和古典经济学家最强调的稀缺条件之间的直接关联，在二者之间现在有了一个强有力的中介——制度。凯恩斯并未摈弃均衡概念，但是他的均衡概念本质上属于自我实现的均衡，即由于预期的作用而带来的间歇状态。凯恩斯认为一个充满竞争的自由市场经济会具有自然的趋势来保持充分就业，但是这其中会出现多种均衡，每一种都有可能发生，没有哪一个比其他的更加自然。

　　凯恩斯描绘的经济生活充满着不确定性，人们为什么会以流动的方式持有储蓄，为什么投资会上下波动，为什么利率不能调节储蓄和投资，在这些问题的回答中，不确定性都是解释的理由。不但是这些问题，他还用不确定性解释了历史上的经济进步显得如此缓慢而且具有间歇性。在凯恩斯看来，经济历史当中的个人，都在不同程度上受制于未来的不确定性，并将占有货币视为应对未来的一种方式。不确定性放松了古典经济学假设，整个推翻了萨伊定律。不确定性还解释了预期不充分会长期存在，即便在商品价格低廉、服务供应充足、投资已经全部齐备这样的情况下，预期不充分仍然会抑制经济活动。

　　不确定的感觉使得人们的信心随之起伏不定，信心坚挺时，经济繁荣；信心不足时，经济萧条。在资本主义制度下，不确定性的根源来自于其体制自身，因为它是积累资本的动力所在，同时它的回报又并非来自现在，而在未来。财富的创造动力，也是造成经济和社会不稳定的因素之一。

　　凯恩斯与古典学派经济理论的决裂，是根本上的方法论的分歧。当我们无从知晓未来时，率性而为恰恰是理性的行为，与信息对称与否无关。

由于存在不可克服的不确定性，所以，凯恩斯对于计量经济学的价值是颇为怀疑的，这一点早已是众所周知。即便统计学技术可以在自变量和因变量之间搭建起一种关系，凯恩斯认为，这种关系的表现，即回归分析所得到的变量参数，被作为常数处理，也是一种根本的错误。

凯恩斯对不确定性的强调构成了他世界观的主色调，他对未知的将来有着挥之不去的敬畏感，所以，他不希望经济进步的步伐迈得太快。

《通论》一书的主要观点是就业量是由总需求水平决定的，这一点与萨伊定律完全相反。凯恩斯继续使用经济学家惯用的供给和需求这样的术语，将企业主雇用一定数量工人的成本与他们雇用这些工人生产的预期销售收入联系了起来。当买家以合理的价格购买了足够的产品时，也就证明企业雇用了所需数量的工人来保证足够的产量，这个时候就达到了均衡。总供给曲线和总需求曲线的交叉点就是有效需求均衡点。这是凯恩斯的整个分析框架，它与古典经济学完全分离。在凯恩斯之前，尚未有人尝试提出一个关于经济总产出的理论。

凯恩斯把总需求或者称为雇主们的预期收入，分成了两个部分：消费需求和投资需求。消费是需求中的稳定因素，而投资则是非稳定因素。在短期中，消费的倾向占当前收入中的相当稳定的比重，它主要取决于人们的习惯，所以不会产生多大的波动。而投资则完全不同，它靠的是人们的预期。这样一来，消费和雇主们的预期收入之间就形成了差距，给经济带来了问题。在经济增长时，消费和生产之间的缺口一定要用投资补上，否则就无法保持充分就业。古典经济学假定储蓄总是会以当时的利率流向投资。凯恩斯的不同之处在于，他认为储蓄会减少消费，如果所有人都想增加储蓄，那么企业的销售量就会下降，生产量也会随之减少，除非投资的刺激同时增加。

而投资是以凯恩斯所说的资本边际效率为基础的，也就是指购买资本品成本的预期收益率，它和市场的利率做比较。如果资本边际效率高于利率，投资就会增加；否则，投资就会减少。最终，如凯恩斯所说，投资率会被推到资本边际总效率和市场利率相等的那一点。

这样，有了消费倾向和投资刺激，再加上资本边际效率和利率的联合作用，就业量就可以被决定了。

一旦投资减少导致经济下滑，人们生活变得拮据起来，这就会消除相对于投资来说过剩的储蓄。如果消费倾向已知，那么，通过简单的收入乘数来计算，收入的扩大和缩小会收敛到储蓄和投资相等的固定之点。收入乘数是一个暗藏玄机的工具，其放大的程度取决于公众对政府政策的预期。凯恩斯认为，在经济出现重大失误之后，市场缺乏内在的有效措施将经济重新拉到正轨上来。

12.6　重新思考凯恩斯革命之二：预期的作用与政策的意义

172

> 我认为，投资的全面社会化，
>
> 是接近充分就业的唯一途径。
>
> ——约翰·梅纳德·凯恩斯

接下来的问题是，总需求为什么会小于我们的生产供给能力呢？为什么市场总是不能给那些想找工作而且能够工作的人提供足够多的就业机会呢？为什么凯恩斯会认为市场在很长一段时间甚至在一般情况下都不能达到充分就业状态？

《通论》的直观解释是，相比于市场的自我调节能力，干扰因素的力量比传统的古典经济学认为的要大得多。在这里，不确定性成了关键所在，它的主要作用在于对投资的刺激的影响。而对不确定性的预期，就实实在在地对有效需求产生了重要的影响。

投资历来被认为是经济中的波动因素。在李嘉图及其后继者心目中，长期理论的构建并不怎么讨论对投资波动的描述，他们认为投资波动不过是短期的现象，不具有重要的实际意义。简言之，在他们的眼中，经济世界要比凯恩斯认为的经济世界更具有周期稳定性。

　　我们应对充满不确定性的未来，所依靠的主要方法是对风险进行
估算。数学模型的预测工作就是用贝叶斯法则来把主观的赌博变换成
客观的概率，从而使得投资有了一个数字上的保障。反复赌马可以让
你积累经验，获得足够多的信息；通过贝叶斯法则进行计算，也许最
终会使得你下赌注的准确性接近马的实力。而经济事件不会再多重复
一次，每一次都是独一无二的。我们用数学发明了一个世界，这个世
界的可能性都是可以计算的，然后我们把它当成了真实世界的镜像。

　　这种方法的致命缺陷在于，它忽略了这样一个事实，即短期内占
上风的不确定性，哪怕数量极为微小，但当它呈线性递增时，不确定
性会成倍地累积到后一个时间段。凯恩斯认为，不确定性让专业的投
资变成了投机。他这样写道：

　　当企业是一条潺潺而流的小溪时，投机者只是水流中的泡沫，无
伤大雅；但是当企业自身变成了投机漩涡中的泡沫时，事态就变得严
重了。当一个国家的资本发展变成了赌场活动的连带产品，这种发展
就不会健康。

　　在一个我们不知道明天会发生什么的世界中，假设经济人孤立地
追求自我利益最大化并没有什么意义。同样，因为存在不确定性，所
以社会总是强调制度的重要性，制度建立了信任，寄予了人们的希
望。这是凯恩斯一贯的立场。

　　但是，凯恩斯也意识到，在现实世界中，工资具有黏性，不会自
由地上下浮动来适应商品价格的变化。凯恩斯认为，工资黏性是劳动
力缺乏流动性的自然结果。这一点也是古典经济学家所没有提出
来的。

　　那么，《通论》对政策的指导意义何在呢？这个意义一方面在于
拯救经济危机，另一方面是为了不让经济陷入危机。主要的政策工具
就是货币政策和财政政策。

大萧条刚开始时，凯恩斯认为，以降低长期利率为目标进而降低实际工资的积极货币政策足以将经济从危机中解救出来。而当他开始撰写《通论》时，他开始怀疑仅仅依靠货币政策本身是否能够应对人们日益严重的囤积货币的倾向。

凯恩斯对货币政策的怀疑态度取决于他对信用货币经济的理解。银行创造了信贷，信贷的供给在很大程度上受信贷需求的影响，企业家对未来的信心会扩大或收缩信贷的需求。所以，当获取货币比较容易时，信贷也可能会干涸；当获取货币变得非常困难时，信贷也可能会扩大。

这样，在控制需求以求保持充分就业时，凯恩斯认为，财政政策的重要性远远大于货币政策。凯恩斯不断用利率来管理经济周期，这一点和我们今天的做法恰好相反。因此，凯恩斯认为，稳定政策的主要重心应该放在投资方面。

在面对经济危机时，凯恩斯认为，政府应该管理需求，把需求波动限制在最小的范围之内。他认为，国家应该承担的责任基本上是降低不确定性，国家的政策应该是力图让这个世界更可预测。从中长期来看，我们政府应该把重点转移到鼓励消费，以公共投资作为持续消费的后盾。当经济稳步发展，变得更为高效之后，凯恩斯希望工作时间可以减少，为人们创造条件过上"明智、愉悦和幸福"的生活。

凯恩斯这样写道：

经济问题退居其次，回到它本来应在的位置上去，时日已然不会太久，我们心灵和大脑的舞台将会重新被那些真正的问题所占据。人生的问题，人类关系的问题，艺术创造、品行修养和宗教虔敬的问题，这才是我们人类真正的问题。

这就是凯恩斯认为的经济增长的全部目标所在！

附　录　凯恩斯年谱

1883年6月5日上午9：45，出生于英国剑桥市哈维路6号。

1889年，进入帕斯女校的幼儿园。

1890年12月，出于某种原因离开幼儿园，在家接受一年的教育。

1892年1月，进入圣菲斯预备学校学习，并以全班第一名的优异成绩毕业。

1897年7月，以第十名的成绩考取伊顿公学国王奖学金，同年9月进入伊顿公学就读。

1901年12月，成功考取剑桥大学国王学院奖学金。

1902年6月，从伊顿公学毕业进入剑桥大学国王学院深造。

1906年8月，参加国家文职人员考试，最终取得第二名，得以进入英国印度事务部工作。

1908年6月，辞去印度事务部的工作，重返剑桥大学国王学院担任经济学讲师。

1909年10月21日，创办政治经济学俱乐部，并开始加入伦敦布鲁斯贝利俱乐部。同年，其第一本经济学著作《指数编制方法》获亚当·斯密奖。

1911年，开始担任《经济学杂志》主编。

1913至1914年，任英国皇家印度货币和金融委员会委员。

1913年，出版著作《印度的货币与财政》。

1915年，成为英国财政部顾问。

1919年1月10日，以英国财政部首席代表的身份参加巴黎和会。

1920年，出版著作《和约的经济后果》，该书为凯恩斯赢得了巨大的声誉。

1921年，出版著作《概率论》。

1923年，出版著作《论货币改革》。

1924年7月13日，凯恩斯的导师阿尔弗雷德·马歇尔逝世，为此凯恩斯写下两万字的纪念文章。

176

1925年8月4日，与莉迪娅·卢波科娃正式成为夫妻。

1926年，发表了名为《自由放任主义的终结》的文章，表明自由放任的资本主义已经走入死胡同。

1930年，出版两卷本的著作《货币论》。

1929至1933年，主持英国财政经济顾问委员会工作。

1936年，出版巅峰之作《就业、利息和货币通论》。

1940年，再次被任命为英国财政部顾问。

1942年，被晋封为勋爵。

1944年，率领英国代表团参加在布雷顿森林举行的国际货币会议。

1946年4月21日上午，由于心脏病突发在家中去世，享年63岁。

参考文献

［1］高鸿业．一本拯救资本主义的名著：解读凯恩斯《就业、利息和货币通论》［M］．济南：山东人民出版社，2002．

［2］蒋自强，张旭昆．经济思想通史［M］．杭州：浙江大学出版社，2004．

［3］张旭昆．西方经济思想史18讲［M］．上海：上海人民出版社，2007．

［4］马克思，恩格斯．共产党宣言［M］．中共中央马克思恩格斯列宁斯大林著作编译局，译．北京：中央编译出版社，2005．

［5］哈罗德．凯恩斯传［M］．刘精香，译．北京：商务印书馆，1995．

［6］斯基德尔斯基．凯恩斯传［M］．相蓝欣，储英，译．北京：生活·读书·新知三联书店，2006．

［7］戴维森．凯恩斯［M］．张军，译．北京：华夏出版社，2009．

［8］摩尔．伦理学原理［M］．长河，译．上海：上海人民出版社，2005．

[9] 凯恩斯. 精英的聚会 [M]. 刘玉波，译. 南京：江苏人民出版社，1998.

[10] 马歇尔. 经济学原理 [M]. 朱志泰，译. 北京：商务印书馆，1964.

[11] 凯恩斯. 和约的经济后果 [M]. 张军，贾晓屹，译. 北京：华夏出版社，2008.

[12] 凯恩斯. 货币论：上卷 [M]. 何瑞英，译. 北京：商务印书馆，1986.

[13] 凯恩斯. 货币论：下卷 [M]. 蔡谦，范定九，王祖廉，译. 北京：商务印书馆，1986.

[14] 萨伊. 政治经济学概论 [M]. 陈福生，陈振骅，译. 北京：商务印书馆，1963.

[15] 凯恩斯. 就业、利息和货币通论 [M]. 徐毓枬，译. 北京：商务印书馆，1997.

[16] 凯恩斯. 就业、利息和货币通论：重译本 [M]. 高鸿业，译. 北京：商务印书馆，1999.

[17] 凯恩斯. 就业、利息和货币通论 [M]. 宋韵生，译. 北京：华夏出版社，2005.

[18] 凯恩斯. 就业、利息和货币通论 [M]. 魏埙，译. 西安：陕西人民出版社，2004.

[19] 凯恩斯. 就业、利息和货币的一般理论 [M]. 李兰甫，译. 台北：台湾银行经济研究室，1966.

[20] 本特利，齐格勒，斯特里兹. 新全球史 [M]. 魏凤莲，译. 北京：北京大学出版社，2007.

[21] 卡恩斯，加勒迪. 美国通史 [M]. 吴金平，许双如，刘燕玲，等，译. 济南：山东画报出版社，2008.

[22] 福克讷. 美国经济史 [M]. 王锟，译. 北京：商务印书馆，1964.

178

［23］津恩. 美国人民的历史［M］. 许先春，蒲国良，张爱平，译. 上海：上海人民出版社，2000.

［24］埃尔德. 大萧条的孩子们［M］. 田禾，马春华，译. 南京：译林出版社，2002.

［25］曼彻斯特. 光荣与梦想［M］. 朱协，译. 海口：海南出版社，2006.

［26］马赛厄斯，波拉德. 剑桥欧洲经济史：第八卷［M］. 王宏伟，钟和，等，译. 北京：经济科学出版社，2004.

［27］里根. 里根自传［M］. 张宁，李天然，封长虹，等，译. 北京：世界知识出版社，1991.

［28］布莱克. 罗斯福传［M］. 张帆，蒋旭峰，王珊珊，译. 北京：中信出版社，2005.

［29］李剑鸣，章彤. 美利坚合众国总统就职演说全集［M］. 陈亚丽，吴金平，顾中行，等，译. 天津：天津人民出版社，1997.

［30］LEKACHMAN R. 凯恩斯时代［M］. 杨淑贞，译. 台北：台湾银行经济研究室，1978.

［31］迪拉德. 凯恩斯经济学［M］. 赵凤培，译. 台北：三民书局，1979.

［32］克莱因. 凯恩斯的革命［M］. 薛蕃康，译. 北京：商务印书馆，1962.

［33］汉森. 凯恩斯学说指南［M］. 徐宗士，译. 北京：商务印书馆，1963.

［34］熊彼特. 经济分析史：第一卷［M］. 朱泱，孙鸿敬，李宏，等，译. 北京：商务印书馆，2001.

［35］熊彼特. 经济分析史：第二卷［M］. 杨敬年，译. 北京：商务印书馆，2001.

［36］熊彼特. 经济分析史：第三卷［M］. 朱泱，易梦虹，李宏，等，译. 北京：商务印书馆，2001.

［37］普雷斯曼．思想者的足迹：五十位重要的西方经济学家［M］．陈海燕，李倩，陈亮，译．南京：江苏人民出版社，2001.

［38］布鲁．经济思想史［M］．焦国华，韩红，译．北京：机械工业出版社，2003.

［39］熊彼特．从马克思到凯恩斯［M］．韩宏，蒋建华，何跃中，等，译．南京：江苏人民出版社，2003.

［40］斯皮格尔．经济思想的成长［M］．晏智杰，刘宇飞，王长青，等，译．北京：中国社会科学出版社，1999.

［41］布劳格．经济理论的回顾［M］．姚开建，译．北京：中国人民大学出版社，2009.

［42］伊特韦尔，米尔盖特，纽曼．新帕尔格雷夫经济学大辞典［M］．陈岱孙，等，译．北京：经济科学出版社，1996.

［43］哈伯勒．繁荣与萧条：对周期运动的理论分析［M］．朱应庚，王锟，袁绩藩，译．北京：商务印书馆，1963.

［44］斯密．国民财富的性质和原因的研究［M］．郭大力，王亚南，译．北京：商务印书馆，1972.

［45］密尔．论自由［M］．许宝骙，译．北京：商务印书馆，1959.

［46］曼德维尔．蜜蜂的寓言［M］．肖聿，译．北京：中国社会科学出版社，2002.

［47］赫希曼．欲望与利益［M］．李新华，朱进东，译．上海：上海文艺出版社，2003.

［48］维克赛尔．利息与价格［M］．蔡受百，程伯撝，译．北京：商务印书馆，1959.

［49］韦普肖特．凯恩斯大战哈耶克［M］．闾佳，译．北京：机械工业出版社，2013.

［50］韦森．重读哈耶克［M］．北京：中信出版社，2014.

［51］拉赫曼．资本及其结构［M］．刘纽，译．上海：上海财经大学出版社，2015.

［52］维克赛尔. 国民经济学讲义［M］. 刘絜敖，译. 上海：上海译文出版社，1983.

［53］刘絜敖. 国外货币金融学说［M］. 北京：中国金融出版社，2010.

［54］YERGIN D，STANISLAW J. The commanding heights：the battle for the world economy［M］. New York：Touchstone，2002.

［55］HICKS J R. The Hayek story［M］//HICKS J R. Critical essays in moneytary theory. Oxford：Clarendon Press，1967.

［56］GOODSPEED T B. Rethinking Keynesian revolution［M］. Oxford：Clarendon Press，2012.

［57］LEIJONHUFVUD A. On Keynesian economics and the economics of Keynes：a study in monetary theory［M］. New York：Oxford University Press，1968.

［58］LEIJONHUFVUD A. The Wicksell connection：variations on a theme［M］//LEIJONHUFVUD A. Information and coordination：essays in macroeconomics theory. New York：Oxford University Press，1981.

［59］ROBINSON J. The second crisis of economic theory［J］. The American Economic Review，1972，62（1/2）：1-10.

［60］HAYEK F A. Reflections on the pure theory of money of Mr. J. M. Keynes［J］. Economica，1931，14（34）：270-295.

［61］SKIDELSKY R，KEYNES J M. The economicst as savior 1920-1937：Vol.2［M］. London：Macmillan，1983.

［62］KEYNES J M. The pure theory of money：a reply to Dr. Hayek［J］. Economica，1931，11（34）：387-397.

［63］SRAFFA P. Dr. Hayek on money and capital［J］. The Economic Journal，1932，42（165）：42-53.

［64］COHEN A J. The Hayek / Knight capital controversy：the irrelevance of roundaboutness，or purging processes in time?［J］. History of Political Economy, 2003, 35 (3): 469-490.

[65] HAYEK F A. Prices and production [M]. 2d ed. London: Routledge amd Kegan Paul, 1931.

[66] HAYEK F A. Money and capital: a reply [J]. The Economic Journal, 1932, 42 (166): 239-249.

[67] KEYNES J M. General theory of employment, interest and money [M]. Cambridge: Cambridge University Press, 1936.

[68] BLAUG M. Economic theory in retrospect [M]. 3d ed. Cambridge: Cambridge University Press, 1978.

[69] KEYNES J M. The general theory and after, part I: preparation [M] //MOGGRIDGE D E. The collected writings of John Maynard Keynes: Vol.14. London: Macmillan, 1973.

[70] HAYEK F A. The pure of theory of capital (1941) [M]. Chicago: The University of Chicago Press, 1975.

[71] WICKSELL K. Value, capital and rent (1893) [M]. London: George Allen & Unwin, 1954.

后　记

　　约翰·梅纳德·凯恩斯的《就业、利息和货币通论》是经济学历史上的一部划时代巨著。每当我们的世界面临经济上的危机或者出现经济波动之时，我们就会想起这位伟大的英国经济学家，回到他的思想，回到他的这本书上。尤其是在当今经济下行风险加大，经济形势变得越发扑朔迷离时，我们更需要凯恩斯的智慧。

　　了解凯恩斯的理论，自然要认识凯恩斯这个人，认识他所处的时代。孟子说："颂其诗，读其书，不知其人，可乎？是以论其世也。"（《孟子·万章下》）尤其是像凯恩斯这样伟大的思想家，他一生都生活在剑桥大学的学术圈子里，是西方文明和那个时代英国文化的巨子，我们必须要认识他的时代、他的早期生活，以及他在《通论》出版前后的思想变化。英国人斯基德尔斯基，穷三十年功力，写就三卷本的《凯恩斯传》。十几年前得浙江大学罗卫东副校长的推荐，得读此书，读完不禁感慨作者治学之严谨、踏实、绵密，实在佩服不已，使笔者对于思想史之认识，有了新的体会。笔者在我国台湾访学期间，搜罗了全部的凯恩斯的传记著作，这些传记著作都是很好的参考。

　　然而，凯恩斯的《通论》向来号称难读，凯恩斯本人行文又以晦涩著称，而且对于一些如今看来已经是宏观经济学基本概念的术语，于凯恩斯的时代却还向所未闻，或者被历史思想尘封了，虽然凯恩斯草创宏观经济学的筚路蓝缕之功实不可没，但是对于解读他的思想的确有着不少困难。对于这一方面，笔者要深谢当年的导师张旭昆教授，他是经济思想史大家，对于凯恩斯的思想更是其专精之处，写作之中曾登门讨教，受益良多。笔者综采百家，网罗了众多中外关于凯恩斯思想以及《通论》研究专家的学术著作，广泛比较，以期能够得到真确的理解。我们对于这本名著的研究，始于20世纪40年代，但是之后很长一段时间罕有良好的研究。单以翻译而论，《通论》在1946年即有先由三联书店后由商务印书馆出版的北京大学徐毓枏先生译本，但直到20世纪90年代才新有商务印书馆高鸿业先生重译本，以及陕西人民出版社南开大学魏埙先生译本。我国台湾在20世纪60年代由台湾银行经济研究室出版了李兰甫先生的译本，这个译本也颇值得称道。21世纪到来后，还有华夏出版社宋韵声先生的译本。

　　本书在思想上多多得益于凯恩斯的传记作家罗伯特·斯基德尔斯基的著作。斯基德尔斯基先生一生钻研凯恩斯的生平与著作，用功甚勤，令人敬佩，实为我辈后学的楷模。虽不能至，心向往之！另外，十几年前，英国出了一套凯恩斯《通论》的第二版，其实是综合了国外众多研究凯恩斯思想的一流高手对凯氏此书进行的评论。此书中文版尚未见出版，英文版各大学当有。中文版笔者只见到由张进铭先生翻译的瑟尔沃教授对上面书中的凯恩斯思想评论的评论，笔者读后深为佩服瑟尔沃教授的洞识，他的确是凯氏研究的高手。因此笔者改编了这篇文字，作为本书附赠的阅读资料，置于东北财经大学出版社的网站上，供读者免费下载阅读。

　　笔者要深深地感谢本书的编辑蔡丽老师，十年前与蔡老师在中国经济学年会（郑州）上相见，极是谈得来。这本书能够得以出版，蔡

184

老师与有力焉。笔者也希望将来能够继续努力，读书写作，不负蔡老师这样的出版界朋友之抬爱！值本书出版之际，笔者也立下了一个誓愿，希望在十年之内，可以尽读凯氏之书，对约翰·梅纳德·凯恩斯及其经济学有一个通盘的理解。到那时候，笔者再来写一本更为宏博的凯恩斯经济学专著。

　　笔者功力或欠火候，文中错处必不为少，希望自己能在凯恩斯思想的研究上继续努力，也希望读者诸君多提意见。

作　者

于浙江财经大学·钱塘之滨

2018 年 10 月